如何做专业的班主任

主　　编◎王晓红　王向红
参编人员◎唐艳红　王晓红　王向红　杨　艳

天津出版传媒集团
天津教育出版社
TIANJIN EDUCATION PRESS

图书在版编目（CIP）数据

如何做专业的班主任／王晓红，王向红主编. -- 天津：天津教育出版社，2024.1
ISBN 978-7-5309-9053-7

Ⅰ.①如… Ⅱ.①王…②王… Ⅲ.①中小学—班主任工作 Ⅳ.①G635.16

中国国家版本馆 CIP 数据核字（2023）第 255070 号

如何做专业的班主任
RUHE ZUO ZHUANYE DE BANZHUREN

出 版 人	黄　沛
主　　编	王晓红　王向红
选题策划	吕　燚
责任编辑	吕　燚
装帧设计	郝亚娟
出版发行	天津出版传媒集团 天津教育出版社 天津市和平区西康路 35 号　邮政编码　300051 http://www.tjeph.com.cn
经　　销	新华书店
印　　刷	天津融正印刷有限公司
版　　次	2024 年 1 月第 1 版
印　　次	2024 年 1 月第 1 次印刷
规　　格	16 开（710 毫米×960 毫米）
字　　数	200 千字
印　　张	12
定　　价	46.00 元

前 言

班主任是中小学的重要专业岗位，是班级的灵魂人物，直接决定着班集体建设、班级管理、班级活动设计与实施等班主任工作成效，影响着学生的全面和谐发展与个性发展。随着时代发展日新月异，我国基础教育改革进入深水区，教育问题不断涌现与凸显，给广大班主任提出了新使命、新挑战与新要求。班主任如何积极应对这些新使命、新挑战与新要求呢？“做专业的班主任”是一种积极有益的探索与尝试。那么，如何做专业的班主任呢？本书主要从班主任概述、班集体建设、班级管理、班级活动的设计与实施、班主任专业成长的主要路径五大专题来应对与回应这个新时代命题。

专题一：概述。本专题主要包括四个主题。一是主要阐述班主任承担的任课教师、班集体建设的指导者、班级管理的引导者、班级活动的设计者、多种教育力量的协调者、学生的人生导师等六大角色。二是全面了解班上每位学生、开展学生思想品德教育、指导学生学习、实施学生综合素质评价、生涯教育规划指导等班主任五大基本职责。三是重点介绍班主任必须具备较高的职业道德素质、较好的文化素质、较强的能力素质、健康的个性心理品质等四大基本素质。四是主要探索班主任与学生之间的指导关系、班主任与任课教师之间的协作关系、班主任与家长之间的合作关系三大班主任核心人际关系。

专题二：班集体建设。班主任在班集体建设中肩负着重要的责任与使命。班集体建设是班主任工作的主要组成部分。本专题主要阐述四个方面的内容。一是班集体的基本界定，主要涉及班集体的内涵、四大形成和发展基本阶段、三大基本功能等方面，为班主任开展班集体建设、班级管理、班级活动等奠定思想与观念基础。二是班集体的目标建设，是班主任进行班集体建设的出发点和归宿，也是班集体建设的主要内容，主要论述班主任如何制定班集体学段目标与学期目标、班集体共同目标与学生个体发展目标，以及如何实现班集体目标。三是班集体的组织建设，是班主任建设班集体的中心内容，主要阐述班集体岗位设置，实现“人人有事做”“人人有发展”；选拔和培养班干部，成为班主任的得力助手，助推班集体及学生的发展。四是班集体的文化建设，是班主任建设班集体的主要范畴，主要包括物质文化、制度文化、精神文化三大方面的建设。

专题三：班级管理。班级是学校的基础单位，班级管理是学校综合管理工作的重要组成部分。班级管理是班主任根据一定的目的要求，采用一定的手段措施，带领全班学生对班级各种资源进行计划、组织、协调、控制等，以实现教育目标的活动过程。本专题主要包括四个主题。一是阐述班级管理的三大基本理论：教师主导理论、学生主体理论和群体动力理论。二是分析班级管理的四大核心目标：明确班级发展方向、促进学生自我发展、增强班级凝聚力、营造良好班级氛围等。三是论述班级管理的四大主要内容：班级常规管理、班级教学管理、课后作业管理和课后服务管理。四是探讨班级管理的四大基本方法：制度管理方法、民主管理方法、目标管理方法以及激励管理方法。

专题四：班级活动的设计与实施。班级活动是学校教育的重要组成部分，也是班主任工作的主要范畴，是以学生的兴趣、需要、经验和能力为基础，在班主任的指导下，有目的、有计划地举行的各种教育实践活动。班主任要设计与实施好班级活动，就要对班级活动有较深入的理性认识，掌握班级活动的意义与价值、基本原则，以及班级日常活动、班级主题教育活动、班级社会实践活动等的具体设计与实施。一是探讨班级活动设计与实施的意义和价值。二是阐述针对性、教育性、整体性、灵活性、自主性班级活动设计与实施的基本原则。三是阐述晨会活动、大课间活动、午间活动、班级值日的设计与实施。四是探讨节庆纪念日主题教育、学生成长主题教育、法制安全主题教育、心理健康主题教育的班级主题教育活动设计与实施。五是论述社会角色体验、社会调查活动、社区服务活动、研学旅行活动的班级社会实践活动设计与实施。

专题五：班主任专业成长的主要路径。为了积极应对当前的新挑战与新要求，班主任需要不断学习和成长，“破茧成蝶”，不断提升自身专业水平。本专题包括五个主题。一是主要探讨班主任从制订学习计划、选择合适的书籍、充分利用业余时间、加强联系实践与思考、撰写读后感五个方面来加强学习。二是班主任通过撰写反思日志，重点反思工作中的“亮点”“不足”“灵感”“再设计”等。三是论述班主任选择合适的培训方式与培训内容，提高参与培训的成效。四是阐述班主任参加班主任工作坊研修的四大具体实施步骤和五大基本原则。五是阐述选题合适、结构齐全、论证科学、注重修改等写好班主任工作相关论文的四个关键。

“班主任概述”“班主任专业成长的主要路径”两个专题由长沙学院附属中学高级教师王晓红撰写，“班集体建设”专题由湖南师范大学教授王向红撰写，“班级管理”专题由湖南师范大学教科院硕士研究生唐艳红撰写，“班级活动的设计与实施”由武汉轻工业大学副教授杨艳撰写。全书由王晓红和王向红设计章节、审核、定稿等。本书在撰写过程中，参考和引用了许多专家、学者的有关成果，在此一并深表感谢。

本书在撰写方面力求做到为读者提供班主任专业发展所需的理念与观念、技术与方法，为实际操作提供参考与借鉴；写作内容力求知识性、可操作性与可读性兼备，使班主任的工作理论与实际操作相结合；专题与主题内容划分明确，便于读者查找和借鉴，从而提高班主任的工作能力与专业发展水平。

本书适合广大中小学班主任、任课教师、教育管理人员、教育研究人员阅读，有助于全面认识班主任这个专业岗位，有效提高班集体建设、班级管理、班级活动等设计与实施能力，主动选择适合自己的专业化发展路径，不断提高自身专业发展水平。由于水平有限，不当之处敬请批评指正，以便日后修订完善。

目 录

专题一　概述

班主任是全面负责教学班学生的思想、学习、健康与生活等工作的教师，是班集体的组织者、教育者和领导者，也是学校领导者实施教育、教学工作计划的得力助手；是中小学校的重要专业岗位，是班级管理的核心人物，直接决定着班集体建设、班级管理、班级活动设计与实施等班主任工作的成效。

主题 1　班主任的角色 / 002

一、任课教师 / 002

二、班集体建设的指导者 / 004

三、班级管理的引导者 / 007

四、班级活动的设计者 / 009

五、多种教育力量的协调者 / 011

六、学生的人生导师 / 013

主题 2　班主任的基本职责 / 015

一、全面了解班上每位学生 / 015

二、开展学生思想品德教育 / 018

三、指导学生学习 / 020

四、实施学生综合素质评价 / 021

五、生涯教育规划指导 / 023

主题 3　班主任的基本素质 / 025
一、较高的职业道德素质 / 025
二、较好的文化素质 / 027
三、较强的能力素质 / 028
四、健康的个性心理品质 / 030
主题 4　班主任的人际关系 / 034
一、班主任与学生之间的指导关系 / 034
二、班主任与任课教师之间的协作关系 / 035
三、班主任与家长之间的合作关系 / 036

专题二　班集体建设

班集体建设是班主任工作的核心。班主任需要注重培养班集体的组织性和纪律性，建立合理的班级管理制度，树立正确的舆论导向，关注学生的身心健康和学习状态，通过组织各种活动来增强班级凝聚力和向心力，同时注重与家长的沟通和配合，共同促进班集体的健康发展。

主题 1　班集体的基本界定 / 040
一、班集体的内涵 / 040
二、班集体的形成和发展阶段 / 041
三、班集体的基本功能 / 043
主题 2　班集体的目标建设 / 044
一、制订班集体学段目标与学期目标 / 045
二、制订班集体共同目标与学生个人发展目标 / 048
三、班集体目标的实现路径 / 050

主题 3　班集体的组织建设 / 052
一、班集体岗位设置 / 052
二、选拔和培养班干部 / 057
主题 4　班集体的文化建设 / 061
一、班集体的物质文化建设 / 062
二、班集体的制度文化建设 / 062
三、班集体的精神文化建设 / 064

专题三　班级管理

班级管理是班主任根据一定的目的要求，带领全班学生对班级各种资源进行计划、组织、协调、控制，以实现教育目标的活动过程。在班级管理中，班主任扮演着重要的角色，负责制订班级计划，组织各种活动，协调任课教师与学生之间的关系，关注学生的身心健康和学习状态，促进学生的全面发展和健康成长。

主题 1　班级管理的理论基础 / 070
一、教师主导理论 / 070
二、学生主体理论 / 072
三、群体动力理论 / 074
主题 2　班级管理的核心目标 / 076
一、明确班级发展方向 / 077
二、促进学生自我发展 / 078
三、增强班级凝聚力 / 080
四、营造良好班级氛围 / 081
主题 3　班级管理的主要内容 / 082
一、班级常规管理 / 082
二、班级教学管理 / 085

三、课后作业管理 / 086
四、课后服务管理 / 088
主题 4　班级管理的基本方法 / 092
一、制度管理方法 / 092
二、民主管理方法 / 095
三、目标管理方法 / 098
四、激励管理方法 / 101

专题四　班级活动的设计与实施

班级活动是以学生的兴趣、需要、经验和能力为基础，在班主任的指导下，有目的、有计划地举行的各种教育实践活动。班级活动是班级管理和班级建设的重要组成部分，活动的设计和实施需要兼顾教育性和趣味性，还需要考虑学生的需求和班级的特点，使学生在活动中得到锻炼和成长。

主题 1　班级活动的意义和价值 / 104
一、有助于培养学生的思想品德 / 104
二、有助于培养学生的交往和合作能力 / 105
三、有助于发展学生的个性特长 / 105
四、有助于促进班级的建设与发展 / 106
五、有助于促进学校与家庭、社会的协同合作 / 106
主题 2　班级活动设计与实施的基本原则 / 107
一、针对性原则 / 107
二、教育性原则 / 108
三、整体性原则 / 108
四、灵活性原则 / 109
五、自主性原则 / 109

主题 3　班级日常活动的设计与实施 / 110

一、晨会的设计与实施 / 111

二、大课间活动的设计与实施 / 113

三、午间活动的设计与实施 / 115

四、班级值日的设计与实施 / 119

主题 4　班级主题教育活动的设计与实施 / 121

一、节庆纪念日主题教育活动的设计与实施 / 121

二、学生成长主题教育活动的设计与实施 / 123

三、法制安全主题教育活动的设计与实施 / 126

四、心理健康主题教育活动的设计与实施 / 129

主题 5　班级社会实践活动的设计与实施 / 132

一、社会角色体验活动的设计与实施 / 133

二、社会调查活动的设计与实施 / 135

三、社区服务活动的设计与实施 / 138

四、研学旅行活动的设计与实施 / 140

专题五　班主任专业成长的主要路径

班主任需要不断学习、修炼和成长，不断提升自身专业水平，从而更好地掌握教育规律和教学方法，有效提高教育教学质量；更好地制定和执行班级管理制度，促进班级和学生管理工作；更好地掌握教育理论和实践技能，提升教师职业素养；更好地展示学校办学理念和教育特色，增强学校教育品牌形象。

主题 1　加强学习 / 144

一、制订学习计划 / 144

二、选择合适的书籍 / 146

三、充分利用业余时间 / 148

四、加强联系实践与思考 / 148

五、撰写读后感 / 148

主题2　积极反思 / 150

一、班主任反思日志的类型 / 150

二、班主任反思的内容 / 152

主题3　参与班主任培训 / 155

一、选择适合自己的培训内容 / 156

二、选择适合自己的培训方式 / 157

三、参加培训应注意的方面 / 159

主题4　参与班主任工作坊研修 / 163

一、班主任工作坊研修的实施步骤 / 163

二、班主任工作坊研修应遵循的基本原则 / 166

主题5　撰写班主任工作相关论文 / 170

一、撰写班主任工作相关论文的意义与价值 / 170

二、写好班主任工作相关论文的几个关键 / 172

参考文献 / 178

后　记 / 180

专题一
概述

班主任是全面负责教学班学生的思想、学习、健康与生活等工作的教师，是班集体的组织者、教育者和领导者，也是学校领导者实施教育、教学工作计划的得力助手；是中小学校的重要专业岗位，是班级管理的核心人物，直接决定着班集体建设、班级管理、班级活动设计与实施等班主任工作的成效。

主题 1

班主任的角色

班主任是学校里一个非常重要的专业岗位。随着社会的变革和教育的发展，班主任在学校的地位越来越重要，承担的角色亦越来越多维。不同的研究者对班主任的角色定位各有不同。有人认为，新课改下的班主任是民主治班的引导者，学科学习的服务者，家校沟通的联络者；还有人认为，新时代的班主任是班级管理的设计者，学生成长的引路人，优良班风的培育者；等等。这里重点阐述班主任承担的六大重要角色：任课教师，班集体建设的指导者，班级管理的引导者，班级活动的设计者，学生、教师、家长等多种教育力量的协调者以及学生的人生导师。

一、任课教师

班主任，首先是一名普通的任课教师，上好课是其最基础和最重要的工作。古语云：亲其师，信其道。教学专业技能强、品行优秀的老师，自然会受到学生的喜爱。班主任如果教不好所任的课，就会在学生面前失去信任和号召力，班主任工作也难以顺利开展；班主任如果教不好所任的课，就会失去其他教师对其教育教学能力的认可。班主任作为教师之间、教师与学生之间沟通的“桥梁”，其协调效果自然会大打折扣。因此，班主任首先要努力成为一位优秀的任课教师。

许多著名教育家就是优秀的班主任，是优秀的任课教师。如人民教育家于漪老师秉持“站上讲台就是生命在歌唱”的理念，践行“一辈子做教师，一辈子学做教师”。那么班主任如何成为一名优秀的任课教师呢?

一是要真心爱学生。陶行知说：爱是一种伟大的力量，没有爱就没有教育。班主任要爱每一位学生，学会欣赏每一个成长中的生命；班主任要学会换位思考，以学生需要的方式去爱护他们，因材施教，为每个学生提供发展的机会。

二是要真心热爱所教的学科。班主任要对教学工作充满激情，积极参与教育教学工作和学校的整体发展；不断学习，更新教学理念；积极和同行观摩和切磋所教学科的教学实践，在教学实践中发现问题、解决问题，提高教学质量，提升学科专业技能。班主任通过优秀的学科教学能力将赢得学生的信服与尊重。例如，教育名家窦桂梅老师为上好《秋天的怀念》一课，仅开场白就修改了10次。班主任如果没有对所教学科倾注真情与热爱，其教育教学就是无本之木、无源之水。

三是要有良好的教研能力。班主任要把教学实践中的问题当作教研课题来探究；班主任要心胸豁达，愿意与其他任课教师一起团结协作，研究教育教学实践中面临的问题和困惑，提升自己的教育教学水平和教研能力，提升教育教学质量。班主任扎实的教研精神和精诚合作的工作态度，一定会吸引学生、影响学生。

拓展阅读：

提升专业技能，做教书育人的执行者①

张家界市永定区永定街道中心学校龚炜老师是一名班主任，也是一名优秀的语文教师，他努力提升学科专业技能，做教书育人的践行者。

班主任首先是一名教师，抓好教学是班主任最重要的工作。“双减”之后，提高学生的学习效率和学习质量尤为重要，这对教师如何“向课堂要质量”提出了更高要求。

小学中高年级语文阅读题材广泛、内容丰富、篇幅较长，培养学生的阅读理解能力非常重要。课堂上我借助于问题导图，引导学生从长篇课文中寻找文章线索，学习写作手法，不断强化他们的阅读理解能力。我还实行分类指导和分层作业——学生基础不同，作业方向和难度就不同，指向性明确的作业少而精，满足了学生个性化、差异化的学习需求，确保学生有充沛的学习精力和学习热情。想要给学生一杯水，自己得先有一桶水。

为了上好一堂课，我谋定而后动，把课备足，力争将知识系统化、简单化、

---

① 龚炜．班主任的多重角色［J］．湖南教育（A版），2023（01）：55－56.

趣味化。为了提高教学水平，增强理论修养，我制订学习计划，通过观看优秀教师的教学视频更新自身知识体系，学习新颖高效的教学方法。在学校的组织下，我加入教研小组，与其他教师构建学习共同体，深入领会“双减”政策的内涵，重温新课标，分享教育教学经验。

二、班集体建设的指导者

班主任的角色，除了是一名任课教师以外，更是班集体建设的核心与灵魂人物。班集体是学生健康成长过程中的重要环境，良好的班集体环境有助于学生健康成长。可见，班集体建设是班主任的核心工作，班主任是班集体建设的指导者。

指导者的角色意味着，在班集体建设时，班主任不应包揽班级所有大小事务，让学生只跟着做就可以，而应更多地让学生成为班集体建设的主体。班主任由台前转到幕后，尊重学生，信任学生，充分给予学生锻炼和展示自我的机会。作为指导者，班主任不是当“甩手掌柜”，放任学生，而是当学生遇到困难时及时出面，提供有效的帮助和指导，让学生在班级建设的活动中真正得到锻炼和成长。班主任作为班集体建设的指导者，主要指导学生做好班集体组织建设和班级文化建设。

1. 班集体的组织建设

班集体的组织建设主要是做好班干部建设。班干部是班集体的核心力量，是班主任的左膀右臂，班主任要特别注重班干部队伍的建设。在培养班干部的过程中，班主任要知人善任，有的放矢，悉心指导并耐心培养班干部开展各种班级工作，巧妙地发挥每个学生的力量。如何培养班干部呢？大家可借鉴江苏省泰兴市襟江小学教育集团管燕老师的“班干部培养小妙招”。

一是“我的职务我命名”。在学生竞聘上岗前，班主任组织学生对班级岗位进行创意命名，让学生深入了解岗位职责，提升学生的责任意识，激发学生的竞选热情。二是“向更好出发”。班主任定期召开班委会，班干部进行一周小结，或是进行自我反思，发现问题、记录问题、解决问题。每一次展示都是一次对比，也是一种互相学习和触动。三是“星耀大舞台”。班主任定期组织评选优秀班干部，评价方式包括自我评价、同学评价和教师综合评价，表扬方式多样化，有时是精神激励，有时是物质奖励。这样的评价能有效增强班干部的归属感，激发他们的自我效能感。

拓展阅读：

根据选举和学生自己意愿来确定班干部①

成都市特级教师叶德元老师在《做心平气和的班主任》中提出：亲近班级的每个孩子，拉近彼此的心，才是班级建设的真正王牌。他在遴选班干部中，关注孩子的意愿与需求。

一般而言，班干部最好是轮换的，既能给每个同学锻炼的机会，又是班级民主生活的重要环节。公开招聘、公平竞选、公正选举，让每一个学生都有展示自我、为班集体服务的机会。不过，后来我也有一些新的看法，这些都源于学生郭嘉寅给我的一张小纸条。

那天是18班入学报到的日子，下午的最后一节班会课，我们要选出临时的班委会，以便于班级工作的开展。午自习时，我收到了一张纸条，第一句话我就震惊了——叶老师，我想这三年都担任班级的值日生！

这个要求太奇怪了，说实话，估计很多学生都不喜欢当值日生，既要擦黑板，又要整理讲台，还要喊“起立”，多累呀！再说，这应该是最小的职务，在我下午竞选的班委项目中甚至都没有“值日生”这一项，值日生不就是全班学生轮着当吗？这还抢着当是什么意思呢？

我接着看她写的理由：“叶老师，读小学时，我们班老师经常没有上课就生气了。因为老师辛辛苦苦备了课，高高兴兴走进教室，结果发现黑板没有擦，讲台也很乱，哪里还有心情上课呀。其实，最后受影响的还是我们自己。我想这三年就干这一件事情，让老师走进18班每天都有个好心情。您说，可以吗？”

学生的责任心让我感动了。下午的竞选活动结束后，我宣布了这个消息，全班同学也给她热烈鼓掌。之后的三年里，她真的就只干这一件事情，不仅是干得心甘情愿、开开心心，而且是越干越好。她不仅擦黑板的速度越来越快，而且质

① 叶德元．做心平气和的班主任［M］．四川：四川大学出版社，2021．

量越来越高。她时不时还对擦黑板的方法做一些改进，让我打心眼儿里佩服。

2. 班集体的文化建设

文化建设是班集体建设的核心内容，主要包括班集体物质文化建设、制度文化建设和精神文化建设。

班集体物质文化包含教室内外环境布置与设计等，具有“桃李不言”的隐性教育功能。学生是班级的主人，班主任应带领全班学生，指导他们用自己的智慧和双手来布置教室，使他们的能力在班级文化建设中得到锻炼和提高，同时对班级产生强烈的归属感。

班集体规章制度是班级全体成员共同认可并自觉遵循的行为准则。班主任应根据班情，指导学生制定符合国法校规、适合班集体实际情况的规章制度，并且随着情况的变化，不断修改、完善它们；班集体规章制度不是班主任的“一言堂”，而是全体学生参与其中制定并运用的规章制度；班级全体学生理解、接受班级规章制度的内容和意义，并将班集体制度这种“外在文化”慢慢转变为他们的“内在文化”，变成他们的自觉行为，这样才能真正发挥班集体制度文化的育人作用。

班集体精神文化是班集体建设的核心内容。班集体精神文化是指被班级大多数成员认可的文化观念、价值观念、生活信念等意识形态，包含班集体目标、班风、班集体舆论、班集体人际关系等方面。班集体目标由班主任指导学生进行提炼，逐步形成班级成员认可的目标。班风是指班集体的作风和风气，对全班学生起熏陶、感染和潜移默化的作用，对巩固和发展班集体起着极大的作用。班主任要善于抓住时机，善于选择突破口，持之以恒，培育优良班风。班集体人际关系主要包括师生关系和生生关系两方面。班主任要树立正确的教育观和学生观，充分尊重学生的意愿和情感，保护学生的正当权益，建设民主平等的师生关系；班主任要加强班集体的思想教育，培养学生交往技能，引导学生之间建立和谐的人际关系。班主任在指导学生积极参与班级板报、班务日志、班级活动中，应引导班集体舆论朝着积极、健康的方向发展。

总之，班主任在指导班集体建设中应牢记学生是班集体建设的主体，在实践过程中，学生需通过自我教育、自我管理，提高自己对班集体的责任感、使命感和价值感。

拓展阅读：

班主任作为指导者开展班集体文化建设①

江苏省泰兴市襟江小学教育集团的管燕老师开展班集体文化建设，与学生一起布置班级环境的一些做法，值得我们班主任借鉴。

开学后的两周内，我和学生一起进行班级环境布置，一起设计布局、一起收集制作。在充分尊重学生意见的前提下我提出建议，如在教室里布置“我的荣耀时刻”“优秀习作”“班级公约”“书画展示”等区域，定期组织学生根据实际情况更换内容。我以实际行动告诉学生，教室是我们大家的，每一个人都应该努力付出，共同营造和谐温馨的集体氛围。

当然，班级环境布置绝不只是简单的物质外显，更是班级制度和教师育人理念的体现，在共同进行班级环境布置的过程中，我还向学生传递集体价值。此外，在共同合作中，我发现了学生的兴趣爱好，并为他们提供自我展示的机会，这能让学生对自我有更加明确的认知，变得更加自信向上。

三、班级管理的引导者

班级管理是班主任承担的一项艰巨繁杂而意义重大的工作。教育部印发的《中小学班主任工作规定》明确指出：班主任应认真做好班级的日常管理工作，维护班级良好秩序，培养学生的规则意识、责任意识和集体荣誉感，营造民主和谐、团结互助、健康向上的集体氛围。可见，班级管理是班主任的又一个重要职责。班主任是班级管理的引导者，主要进行班级的常规管理、教学管理、课后作业管理和课后服务管理。考虑到本书中有一个专门的班级管理主题，这里仅对班级常规管理、课堂教学管理和作业管理做简要的阐述。

1. 班级常规管理

班级常规管理是班主任对班级每天进行的日常性事务进行规范和管理，可以

① 管燕，班主任在学生自主发展中的角色定位［J］．江苏教育，2023（08）：72－74.

细化为学习、纪律、环境卫生、日常班务等，涉及学生在校生活的方方面面。

班主任作为班级管理的引导者，要大胆引导学生进行班级管理。“班级是我家，管理靠大家”，引导学生树立班级主人翁意识，班干部团队协助管理班级，其他同学参与管理。班级岗位设置尽量涵盖班级日常活动的方方面面，让班级每件事都有学生去做，每个学生在班级中有事可做，培养学生的集体荣誉感、责任感。班主任还可指导学生设置相应的监督评分机制和轮岗机制，增强学生班级管理的民主意识和自主意识，这样，日常琐碎的班级常规管理才能真正具体落到实处。

为了培养学生的自主管理能力，把班级管理的主动权交给学生，班主任要给予学生充分的支持与信任，唤醒学生的责任感与主体意识。班主任应采用民主的方式制定班级规章制度；收集学生意见，集体讨论，结合实际情况不断修改和完善班级规章制度，引导学生明确行为规则，主动遵守班规。

2. 课堂教学管理

在这个信息技术飞速发展的新时代，电子设备与互联网信息对学生造成了巨大的影响，微信、QQ 以及各种短视频网站充斥着学生的课余生活，严重影响了学生的学习，给课堂教学管理带来了不少问题。随着社会竞争的加剧，以及教育观念和方法的不当，学生心理问题也成为教学管理的难点。班级管理工作对班主任提出了新的要求。

首先，班主任要及时更新自身的教学理念，接纳先进的管理理念，及时与各科教师交流与沟通，解决班级教学活动中存在的弊端。班主任要努力构建和谐的师生关系，营造良好的教学氛围，实现与学生共同进步。

其次，班主任应以学生为本，站在学生的角度思考问题，在教学中给予学生充分的关心、鼓励和帮助，带领学生不断取得学习上的进步。班主任可以组建学习团队，开展小组合作学习，引导学生互帮互助，共同进步，强化学生的集体意识，提升学生的团队协作能力。

最后，在学生的成长过程中，班主任应强化自身榜样塑造，引导学生自主学习；向学生传授做人的道理，与学生分享自己的成长经验，引领学生积极向上、向善、向真、向美转变。

3. 作业管理

作业是日常教学活动中不可或缺的环节。班主任加强对作业布置、收集、批改与订正的管理，是班级管理的重要内容。

如何指导学生完成好作业呢？班主任应加强与任课老师的沟通，作业设计必须从教学目标和学生实际出发，科学合理地布置适量作业；同时，要尊重学生差异，分层设计作业，让每个学生练有所得、学有所得；作业形式尽量多样化，能让每个学生开心愉快地完成作业。

如何指导学生收集作业、订正作业？班主任要按学科设置课代表岗位，尊重学生意愿，使学生乐于为班级服务；要指导学生集思广益，快速收集作业；要发挥学生小组合作学习的力量，指导学生进行组内互相帮助，解决学习困难，及时订正作业错误。

四、班级活动的设计者

班主任是班级活动的设计者。班级活动是以班级为单位开展的集体活动。良好的班级活动会培养学生的交往和合作能力，促进学生独特个性的形成，增进班级凝聚力，促进学生知、情、意、行全方位发展，有助于加强家庭、学校和社会的联系，扩展学生视野，增进学生的社会责任感。班级活动主要有日常班级活动、主题教育活动、社会实践活动等。

日常班级活动是班级日常管理的活动，有利于培养学生良好的生活学习习惯，促进学生身心健康发展，形成良好的班集体。例如，晨会、大课间活动、午间活动、值日等都是常见的日常班级活动。

主题教育活动是师生共同设计的主题明确、教育意义深刻的班级活动，能更好地发挥学生的潜能和才华，锻炼学生能力。根据活动内容不同，班级主题教育活动通常有节庆纪念日主题教育活动、学生成长主题教育活动、学生心理健康教育活动、法制安全主题教育活动等。

社会实践活动是德育的重要内容。通过社会实践活动，学生可以获得对社会生活的真正了解、体验和感悟。根据活动内容和形式不同，社会实践活动主要有社会训练（如军训、种植）、社会考察、社会服务和社会研究（社会调查）四类。

作为班级活动的设计者，班主任要大胆探索，不断创新，创造性地开展班级活动，不断提升班级活动效果，让学生充分受益、终生难忘。为了培根铸魂、启智润心、立德树人，班主任应如何设计班级活动？

其一，班级活动的主题和内容要有针对性和教育性。班主任要真心关爱学生，勤于观察学生，根据学生生活实际与成长需求来确定活动主题；活动内容应有广泛的教育内涵，涉及学生德智体美劳等诸多方面；活动不能走形式，要真正做到以育人为本。

其二，班级活动要坚持以学生为中心，激发学生内驱力，充分发挥学生的主动性，激励学生全面发展。班级活动虽说由班主任来设计，但不是大包大揽，而是从活动准备、活动开展、活动反思，组织、启发、指导学生积极参与其中，让学生通过实践增长智慧与才干，培养学生自立精神和自我教育能力。

其三，班级活动要充分发挥班主任的统筹协调、动员分工的作用。在活动中，班主任要信任和尊重学生，观察指导学生，遇到问题因势利导。

其四，班主任要努力提高活动的实效，提升活动的育人价值。班主任通过扎实有效的班级活动，促进学生全面发展，让每一位学生在一次次活动中成长、在成长中收获。

总之，班级活动是一个系统工程，班主任要系统地设计活动内容、形式、方法和载体、总结评价等多方面内容，引导学生参与其中；要充分考虑学生的心理状态和生活经历，调动必要的社会资源、学校资源和家庭资源，有效地促进学生在活动中的体验和感悟，促进其思想的升华、良好品行的养成。

拓展阅读：

以班级活动促进学生发展①

浙江省杭州市富阳区永兴中学初中部班主任康茜老师，以拔河比赛为案例，阐述如何充分利用班级活动，促进学生发展的做法，值得大家借鉴和思考。

学校组织拔河比赛，我们班学生个子普遍偏矮。许多学生在比赛前陷入深深的自我怀疑，认为逢赛必输。怎样帮助学生树立信心，如何赢得比赛？

经过反复讨论，班委会决定：一是通过观看一个小男孩苦苦支撑、不愿放弃，最后反败为胜的拔河视频，激发学生参与的热情，唤醒他们不服输的意识；

① 康茜. 让成长不负时光：以活动促班级建设的实践探索［J］. 班主任，2021（01）：9 – 12 +3.

二是组织学生学习拔河技巧，并根据学生个人身体特点和意愿进行活动分工。

于是，参赛人员积极投入拔河训练，啦啦队员每人选择一名参赛者，比赛时实行人盯人疯狂加油模式，后勤人员负责拿衣服、送水，宣传人员负责拍照片和视频，记录比赛过程，用成功激励成功……做到全员、全程、全方位参与，让每个学生发挥自己的优势，实现自身的价值。通过所有学生的努力，最后，我们班获得年级第 4 名的成绩，遗憾的是，没有进入前三名。

学生情绪有点低落，有的学生相互推卸责任，甚至对竞争对手产生不满。我进一步思考如何疏导学生情绪以及引导学生学会正确看待输赢。

在活动总结中，我们首先观看班级公众号发布的活动实录“勇敢无畏，全力以赴”，让大家欣赏每个同学的身影。其次，让学生谈一谈哪个画面令自己印象最深刻，在分享中他们体会到每个人的付出都值得肯定，每一次的成功都来之不易，应该反思自身存在的问题，而不是一味地抱怨对手。最后我进行了“输，也是一种赢”的微演讲，告诉他们要争之必然、顺其自然，人生是一次长跑，不能因眼前的挫折而抱怨或放弃。时间不会辜负努力奋斗的人。

五、多种教育力量的协调者

班级实际上是一个微型的社会，学生在成长的道路上，接受着来自任课教师、学生家长、上级教育主管部门以及社区教育者等各种教育力量的影响。要创设一个积极向上、和谐团结的班集体，班主任必须是一名优秀的协调者，妥善地处理学生、教师、家长等纷繁的人际问题，协调统一各种教育力量，形成教育合力，让学生愉快地学习和生活，快乐地成长。

如何做好协调者的角色？首先，班主任要具有平等意识，平等是人与人进行良好沟通的前提。其次，班主任要有全局观，发生矛盾冲突时，要能预判问题并具备积极主动地处理问题的意识。此外，班主任要努力提高与人沟通的能力，智慧地、艺术地协调好与学生、教师、家长等的关系。

1. 班主任要协调好与学生的关系

班集体是由性格迥异的学生组成。班主任要时刻关注每个学生的思想动向，耐心、细心地给予关爱，协调好学生之间的人际关系，帮助他们健康成长。

2. 班主任要协调好与任课教师的关系

学生的成长是教师集体通力合作的结果。班主任不能唱独角戏，要积极协调好与任课教师的关系，充分发挥教师集体的力量。班主任应主动与任课教师沟通，邀请他们参与班级管理和活动，征求他们对班级教育教学的建议，增强他们对班级的主人翁意识；班主任应随时随地维护任课教师的形象，一个赢得学生信任和尊重的教师团队，教育影响力才是巨大的。

3. 班主任要协调好任课教师与学生的关系

任课教师与学生之间难免会产生一些矛盾。因此，班主任要诚心、客观、公正地协调好任课教师与学生之间的关系。班主任不仅要积极维护任课教师的形象，还要有意识地让学生了解任课教师的辛劳和对学生的挚爱，增加学生对教师的理解。

4. 班主任要协调好与家长的关系

家庭是孩子的第一所学校，父母是孩子的第一任教师。学校教育必须有家庭教育的配合。班主任是学校教育和家庭教育的联结者，必须发挥好沟通协调的作用，促使两种教育形成合力，促使学生健康成长。当学校教育和家庭教育产生冲突时，班主任应该做好解释工作，把教育行政部门的规定、学校的出发点，以及班级教师的做法，同家长进行耐心细致的沟通，以获得家长的理解与支持。

拓展阅读：

善于沟通家长，做家校合作的促进者①

学生的健康成长是由学校教育和家庭教育共同促进的，特殊情况下“停课不停学”，让家校合作更为密切。只有家校理念达成一致、家校相互配合，才能为学生创造良好的学习环境。在这一过程中，班主任尤为重要，班主任要花心思促进家校协作，通过多种渠道加强家校沟通。“停课不停学”期间，为了争取家长的理解和支持，我手写了一封家书，告诉家长“线上教学是暂时的，全体教师会全力确保网课的质量”，并真诚拜请家长协助学校监督学生完成课业。我还邀请全体任课教师在家书上签字，充分彰显了家校协作的友好诚意，得到了家长的一

---

① 龚炜. 班主任的多重角色［J］. 湖南教育（A版），2023（01）：55－56.

致点赞和全力支持。

在家长会这一传统的家校沟通形式中，我也积极创新，充分调动家长参与和表达的积极性。在一次学期家长会上，我大胆采用互动体验的形式，在家长会正式开始之前，设计破冰游戏和体验游戏。在新奇的游戏环节，家长的参与度被充分调动起来，彼此间的距离感和疏离感由此被打破，大家的发言更加热烈、真诚。

此外，我还组织热心教育的家长成立家长委员会，鼓励他们参与学校和班级的部分管理事务，收集、整理家长关于校内活动和教学效果的反馈与建议，通过他们与其他家长保持良好沟通，营造了良好的家校合作氛围。

六、学生的人生导师

《中小学班主任工作规定》中第二条提出“班主任要努力成为中小学生的人生导师”。中小学阶段是学生“学会做人、学会做事”的最重要阶段。班主任是学生学习和生活中最亲近的接触者，是学生成长中的“重要他人”。班主任作为学生的人生导师，要正面、积极引领学生健康成长，指导学生德智体美劳全面发展。

人生是立体多面的，良好的人生发展需要多方面内在资源的支撑。班主任要履行好学生的人生导师角色，一方面，通过直接的传道、授业、解惑的方式；另一方面，以良好的形象率先垂范，潜移默化地影响学生。人生导师的角色对班主任提出了很高的要求，班主任自身必须是一个极富人生智慧的人，一个事业有成而又生活幸福的人。人生智慧不具可教性，学生人生智慧的成长需要班主任的因势利导。因此，班主任要掌握增进学生人生智慧的方法，要了解学生的心路历程，帮助他们优化其行为方式，积极体验人生，获得正确的智慧感悟。成为学生的人生导师是班主任专业发展的重要内容，这也需要班主任不断提高自己的人生境界。

拓展阅读：

当好班主任，做好学生的人生导师①

福建省惠安县广海中学陈东欣老师的经验，可供我们班主任在如何做好学生

① 陈东欣．当好班主任，做学生的人生导师［J］．当代家庭教，2019（12）：26.

的人生导师的角色上，提供参考与思索。

1. 价值引导

现代社会信息技术飞速发展，各种信息膨胀泛滥，泥沙俱下，学生置身其中，辨别是非善恶能力较弱，极易受到污染，形成错误甚至扭曲的人生观、价值观。加之当前我国社会家庭结构以子女为中心，长辈宠爱有加，疏于对孩子良好人格养成的引导和规范，致使其自主能力、适应能力、责任意识、进取意识、感恩意识、关心他人、吃苦耐劳、抗挫折能力等诸多方面存在人格缺陷，难以以辩证的态度正确认识自己和他人。

因此，班主任加强对学生人生观和价值观的教育十分必要。平常可通过构建书香班级、召开主题班会；通过学习名人精神、经典语录、优秀榜样等举措来对学生进行“三观”引领与教育。

2. 行为引导

良好的行为习惯对学生的一生发展都至关重要。对于可塑性极强的学生来说，塑造和培养他们具有良好的行为习惯就显得尤为重要。班主任可通过加强学生的思想教育工作，包括有针对性的个别教育和面向多数或全体的思想工作；加强班级制度建设，通过制定具体的制度细则，逐步形成良好的行为习惯；建立督查考核制度，将制度细则落到实处；建立评比奖惩制度，让学生知道不良行为的危害并懂得如何对此负责。

3. 学习指导

21 世纪对人才的要求，既要有扎实的学识和较强的能力，又要有独立人格。因此，班主任在班级管理中，应重视学生主体性发展，尊重学生、构建和谐的师生关系，引导学生充分参与学习，教给学生学习的方法，使学生学会学习。班主任还要正确对待学生的个体差异，引导学生树立能学好的信心，承认学生的个体差异；建立科学的评价制度，评价内容要全面，评价方式要多样化。

4. 生活指导

莫泊桑说：“极细小的一件事，可以败坏你也可以成全你。”其实，学生最难做到的多是琐碎小事，班主任做好学生的生活引路人，会让其受益一辈子！

5. 规避风险引导

班主任要善于总结学生成长中常见的危机和风险，熟知学生发展的各个危险期和关键期，了解各个阶段容易出现的成长烦恼和困惑，并掌握有关各种危机的干预处理方法，及时给学生发出成长风险温馨提示或者警报。通过典型案例分析或者创设情境模拟等教育方法，教会学生辨别是非、知晓利害、预知风险、预判后果，及时规避风险，以避免发生重大的人生过错和悲剧。

主题2

班主任的基本职责

班主任的职责，是指教师在担任班主任期间应担负的主要责任。《中小学班主任工作规定》明确规定我国中小学班主任的基本职责主要有全面了解班级内每一个学生，认真做好班级的日常管理工作，组织、指导开展班会、团队会（日）、文体娱乐、社会实践、春（秋）游等形式多样的班级活动，组织做好学生的综合素质评价工作，经常与任课教师和其他教职员工沟通，等等。建设好班集体、做好班级日常管理、开展多样化的班级活动是班主任的核心职责，在本书后文中有专题阐述，在此不再赘述。这里主要阐述班主任如下五大基本职责：全面了解班上每位学生、开展学生思想品德教育、指导学生学习、实施学生综合素质评价、生涯教育规划指导。

一、全面了解班上每位学生

了解学生、研究学生是班主任必修的基本功，是有效教育的前提。只有基于客观全面真实的了解，才能真正走进学生的世界；只有走进了学生的内心，有效教育才能真正发生。《中小学班主任工作规定》的第八条，对班主任全面了解班级内每一个学生做了明确的规定，即“深入分析学生思想、心理、学习、生活状况。关心爱护全体学生，平等对待每一个学生，尊重学生人格。采取多种方式与学生沟通，有针对性地进行思想道德教育，促进学生德智体美全面发展”。班主任一般应该了解学生哪些方面呢？又如何了解学生呢？下面做简单介绍。

1. 班主任了解学生内容要全面

班主任一般应该了解学生哪些方面呢？本部分采用东北师范大学政法学院车广吉老师的研究结果，他认为，班主任应该了解学生如下方面。

了解每个学生的个性心理，包括兴趣、爱好、特征、性格、气质、认知能力等等；了解每个学生的德、智、体、美、劳等方面的发展情况，包括思想品德、集体观念、劳动态度、审美能力、遵纪守法情况、日常行为表现、人际关系、学习情况、思维特点、体质和健康状况、个人卫生、体育锻炼、课外活动和课外阅读范围等。

班主任还要了解每个学生的家庭环境，包括学生家庭的类型和关系，物质生活条件，家长的职业、思想品德、生活兴趣和文化修养，学生在家庭中的地位，家长对学生的态度，家庭教育状况，学生家庭与邻里的关系，等等。了解每个学生所处的社会环境，包括学生的交友情况、经常涉足的场所等。

总之，班主任要全方位地了解学生。全面了解学生的根本目的是对症下药，一把钥匙开一把锁，根据不同学生的不同情况，有针对性地进行教育引导，引导他们扬长避短，不断地完善和发展自我。

2. 班主任了解学生的方式要多元

了解学生的方式有很多。这里采用席晶老师的研究成果。班主任可采用如下方式来了解学生。

（1）观察法。班主任在日常教学和班级管理中认真观察学生，听其言、观其行。在观察前，班主任要有明确的目标和计划，根据不同场合选择观察不同内容。在观察中，班主任要做好一定的记录。在观察后，班主任更要对观察到的内容做一定的总结与反思。

（2）谈话法。班主任应常与学生进行面对面交谈，在交流过程中获取想要的信息，更好地了解学生。交谈方式，既可以把学生单独叫到办公室谈心，又可以通过班干部或学习小组的其他成员了解想要获取的信息，甚至可以进行全体学生参与的主题谈话。值得班主任注意的是，在谈话前，班主任要明确谈话的目的、内容、方式、时间、地点等，做到公开透明，为高效地交谈、完成信息的获取做好充分准备。

（3）查阅书面材料法。班主任可以翻阅学生的各种情况登记表与统计表，如学籍、入学登记表、学生手册等，还有学生的日记和作文、试卷等，从中了解学生的一些信息。

（4）咨询法。班主任通过电话、QQ、微博、电子信箱、微信等方式向学生的家长、亲人、朋友、邻居或其他熟悉的人了解学生各方面的情况，以期对学生有全面客观的了解。

（5）调查法。班主任在调查学生之前要设置调查方案。调查方式可采用个别访问，也可以座谈会的形式进行，还可以通过问卷调查的形式开展。值得班主任注意的是，要对调查材料进行分析和核实，不能人云亦云。

（6）情景创设法。班主任有目的地创设情景来全面了解学生的心理和能力。例如，让学生负责出黑板报，了解学生的组织协调能力；组织学生参加义工活动，了解学生是否有责任感；等等。

班主任可以综合运用以上方法，全面客观地了解学生，才能有针对性地采取有效的教育措施，促进学生的发展。

拓展阅读：

通过调查法全面了解学生①

广东省深圳市光明中学班主任钟杰老师，在实践中借助于调查法全面了解学生。该经验可为我们班主任提供借鉴与启示。

班主任为了更好地了解学生，给学生设置了一个“认识自我”调查表。具体内容如下。

认识自我的调查表

认识自我			
姓名：	笔名：	性别：	家庭住址：
民族：	出生年月：	毕业学校：	Email：
血型：	QQ：	微信：	电话：
称谓：	姓名：	工作单位：	联系方式：
父亲或其他监护人员：			
母亲或其他监护人员：			
是否是留守儿童：			
兴趣爱好：			

① 钟杰. 班主任第一课：了解学生［J］. 江苏教育，2016（47）：73＋80.

续表

性格：
特长：
喜欢的颜色：
喜欢的食物：
崇拜的偶像：
喜欢阅读的书籍：
喜欢怎样的老师：
描述自我（优美的散文笔调）：

在学生填写表格前，班主任帮助学生细致地解读表格上的内容，帮助学生打消疑虑，这样才有助于学生坦诚、真实地填写表格，班主任才会拿到真实的第一手资料。例如，填写QQ是为了便于交流，把平时不方便、不愿意、不适合在大众场合下表达的意见传递出来；关于特长，就是在同等时间单位内做同一件事情比别人用时少、速度快、效果好，完成的过程中内心还无比喜悦；等等。这些表格回收后，班主任装订成册，经常翻阅，将学生的相关信息了然于胸，有助于班主任与学生、家长更好地交往。

从调查表中，班主任获得了关于学生情况的第一手资料，有助于教师后期进行有效教育。例如，针对书写工整的学生，多表扬；针对书写潦草的学生，鼓励他们加强练习。根据学生的喜好情况，班主任投其所好，成为学生的知心人；根据家长情况，班主任积极整合家长资源，保持与留守孩子、单亲家庭的畅通联系；根据特长，班主任引导学生成为更好的自己；班主任利用偶像崇拜，寻找合适的教育契机；班主任根据学生文字表达能力，进行因材施教。

二、开展学生思想品德教育

开展学生思想品德教育是班主任的重要职责之一。班主任要根据当前学校德育的目标和内容，培养学生的思想品德，遵循德育的规律与原则，晓之以理、动之以情、导之以行、持之以恒，把学生培养成具有共产主义道德品质和高尚情操的社会主义接班人。那么，班主任如何有效扎实开展学生思想品德教育呢？

1. 班主任要充分利用自己的人格魅力进行思想品德教育

班主任的一言一行时刻在影响着学生，其人格魅力对学生影响深远。班主任应不断提升自我、完善自我，要用高尚的师德感染学生，用渊博的学识引导学生，用健康的心理影响学生。其身正，不令而行，其身不正，虽令不从，对学生进行言传身教。

2. 班主任在班级活动中开展学生思想品德教育

班主任要营造和谐民主的班级氛围，增强班级凝聚力，增强学生归属感，培养集体主义精神；班主任应树立积极的行为榜样，营造良好的班级舆论氛围，引导学习自觉修正自己的言行；班主任应克服枯燥乏味的说教，把德育寓于生动活泼、灵活多样的课堂教学活动中；班主任应针对学生的身心特征、认识水平，有计划、有组织地开展学生喜闻乐见、丰富多彩、健康有益的班级活动，进行思想品德教育的渗透。

3. 班主任要持久、成系统、有特色地开展思想品德教育

班主任应努力把德育和班级活动有机地结合起来。把德育目标分解到每月每周的班级活动中；要注重校内外结合，常规与时事结合；要主题鲜明、内容丰富、形式多样、层次分明、操作简单，保证活动能深入、持久、有效地开展；要有特色。特色意味着人无我有，人有我优，人优我精。例如，针对学生劳动观越来越淡薄的趋势，如果学校靠近江河边，定期开展河道垃圾清除就是很有特色的德育；如果学校有耕读园或校园农场，根据季节开展各种农作物耕种和收获活动，就是有特色的劳动教育。

拓展阅读：

班主任言传身教，开展思想品德教育①

江苏省南京市西善花苑小学冯璐老师，重视通过言传身教感染学生，开展思想品德教育，提高思想品德教育的成效。她的经验值得我们班主任参考与借鉴。

作为班主任，在工作中要以身作则，为人楷模。凡是要求学生做到的，自己率先垂范；凡是要求学生不做的，自己坚决不做。例如，班级组织学生开展公益

① 冯璐．小学班主任开展思想品德教育的策略[J]．教育艺术，2022（01）：30.

劳动时，班主任要带头参加，不怕脏、不叫累，给学生做出表率。这样，学生会自觉和教师一起参加公益劳动，脏活累活抢着干，培养他们从小热爱劳动，树立艰苦朴素的作风。

班主任进一步鼓励学生在休息日时，主动帮助父母做一些力所能及的家务，如打扫卫生、整理房间等，让小学生通过家务劳动体会父母的辛苦，增进与家人的情感交流。

三、指导学生学习

学生的主要任务是学习。指导学生学习是班主任的经常性工作，也是班主任的重要职责之一。那么，班主任如何指导学生学习呢?

1. 引导学生养成良好的学习习惯

班主任经常教育、引导学生明确学习目的，端正学习态度，提高学习的兴趣，培养学生良好的学习习惯。根据学生的学习实际，班主任对学生进行学习方法指导，引导学生“愿意学习、能够学习、学会学习”，发挥学习的主动性和积极性。班主任在班级内建立相关的学习制度，规范学生的学习，使学生通往学业的成功之路更为顺畅，让学生终身受益。

2. 营造团结合作的班级学习氛围

班主任采取小组合作方式，引导学生在学习小组中互帮互助，共同提升；定期开展学习交流活动，分享优秀学习经验，如如何记笔记、如何背记文章、如何高效利用时间等。班集体、学习小组团结合作的学习氛围，能使学生感受到集体的温暖和支持，有助于学生学业的提升。

3. 借力班级教师团队，帮助学生解决问题

班主任要依靠教师团队的力量，帮助学生解决学业问题。首先，班主任要定期与任课教师沟通，交流和汇总班级各个层面学生的学习情况，就比较突出的矛盾和学生学业问题群策群力，协调行动，有效地解决学生学业问题。其次，班级实行学困生导师制。针对班级学困生的具体情况，按照双向选择的原则，每位任课教师重点指导所教学科的1~2名学困生，担任其导师。明确导师、学生权责，建立学生定期向导师汇报制度，导师就学困生的生活、学业等方面进行具体指导。

拓展阅读：

语文预习习惯的养成策略①

甘肃省古浪县黄羊川九年一贯制学校班主任汤耀武老师是一名语文教师，重视语文预习习惯的培养。他的做法值得班主任参考。

在班级管理中，班主任要在尊重“学生为主体、教师为主导”的基础上，循序渐进地培养学生良好的预习习惯。

其一，帮助学生树立预习的意识。班主任要在课堂上反复强调预习的重要性。

其二，明确预习要求。预习要求“因人而异”“因文而异”。例如，记叙文要求从六要素着手通读全文，体味和推敲重点词句，初步感知文章大意。而对于古诗文就要求朗读流利、字音准确，并能借助于工具书理解词句的意思。

其三，注重预习方法的指导。班主任总结了“五步预习法”：通读课文—过好字词关—初步分析课文—归纳中心思想、分析修辞方法和写作手法—完成课后练习。按照以上 5 个步骤进行预习，基本能找准听课的重点、难点和疑点，为高效听课打好基础。

其四，注重督查与激励，保证预习效果。班主任将学生的预习作业收上来后认真翻阅批改，对于认真完成的学生予以表扬和奖励，对于完成不好的同学给予适当的批评和教育；将督查任务交给小组长，班主任抽查，小组成员之间互助互检，大大提高了预习效果。

四、实施学生综合素质评价

教育部《中小学班主任工作规定》明确指出，“组织做好学生的综合素质评价工作，指导学生认真记载成长记录，实事求是地评定学生操行，向学校提出奖惩建议”是班主任的重要职责之一。综合素质评价主要包括思想品德、学业水平、身心健康、艺术素养与社会实践等 5 个方面内容，每个方面都详细规定了相应的考查点。在《国务院关于深化考试招生制度改革的实施意见》中将学生综合素质评价作为中考、高考录取的参考。在做好学生综合素质评价工作实践中，

① 汤耀武. 初中语文教学如何培养学生良好的学习习惯[J]. 学周刊，2023（07）：130－132.

班主任重点指导学生如何准备综合素质评价素材。

1. 思想品德评价素材准备

思想品德方面重点记录的是学生参与党团活动、社团活动、公益活动与志愿服务等活动的情况。为了提升学生思想品德水平，班主任可借助于课余时间和假期，组织学生参与学校、社区、当地公益组织等组织的公益活动和志愿服务活动等，不断提升学生思想品德素养。在活动中，班主任要指导学生认真记录活动感悟、拍摄活动画面，图文并茂地形成活动总结，并上传到综合素质评价平台。

2. 学业水平成就评价素材准备

学业水平方面重点记录的是学生学习内容和成绩，研究性学习表现与成果等内容。学生学习内容和成绩由教师进行登记，学生需要准备和记录研究性学习的成果。班主任要认真指导学生选择研究课题，鼓励学生从各学科所学内容及日常生活中挖掘合适的课题进行研究，同时要考虑研究性学习的目的性、科学性、创新性和可行性，制订研究性学习的计划，认真指导学生撰写研究性学习报告，并上传到综合素质评价平台。

3. 身心健康评价素材准备

身心健康方面重点记录的是学生《国家学生体质健康标准》的测试结果、体育成绩、体育荣誉、身心健康教育活动等。学生心理健康教育是班级工作的重心，班主任应该多关注学生心理状况，多学习心理知识，开展心理健康教育活动。尤其要关注问题学生，积极与家长沟通，并寻求心理咨询教师的帮助。此外，班主任应加强学生的体育锻炼，保证学生每天的锻炼时间，鼓励学生参加学校运动会，发扬体育拼搏精神，提高学生体育技能。在活动中，学生要用心记录活动感悟，认真写好活动总结，并上传到综合素质评价平台。

4. 艺术素养评价素材准备

艺术素养方面重点记录的是学生在艺术方面的兴趣与特长，以及参与艺术活动的过程和成果。美育是审美教育、情操教育、心灵教育，也是丰富想象力和培养创新意识的教育。班主任应以“惠美”文化为引领，以“立德树人”为根本任务，促进学生的多元发展。班主任应鼓励学生认真上好音乐课、美术课，积极组织艺术活动，挖掘学生在音乐、美术等方面的天赋。例如，教室美化、创作班内各类手抄报、班级文艺会演；鼓励有艺术爱好和特长的学生积极参加各级各类艺术活动等，展示学生艺术素养和创新能力。班主任指导学生记录、总结自己感兴趣的艺术活动，并上传到综合素质评价平台。

5. 社会实践评价素材准备

社会实践方面重点记录的是学生参与社会大课堂、实践基地、高校科研所、博物馆、科技馆、企业、社区等社会场所开展的实践活动。班主任和学生共同参与其中，做好相关指导。班主任指导学生自己记录、总结实践活动，并上传到综合素质评价平台。

6. 综合素质评价素材遴选与上报

班主任除了指导学生完成上述5个方面的评价材料的准备以外，还应在每学期末指导学生总结、整理具有代表性的重要活动、典型事实以及其他相关材料，将总结整理后的相关资料上传至所在省份综合素质云平台。班主任应特别强调学生所有的综合素质评价材料一定要真实，按规定的要求提交，切勿弄虚作假。

五、生涯教育规划指导

随着国家高考改革的推进，为了满足学生个性化发展需求，开设生涯规划指导十分有必要。从我国当前的教育现实来看，与学生接触最多、心理距离最近的班主任成为学生产生生涯困惑时的主要求助对象之一；加之班主任对学生情况的全面了解，更使其成为家长咨询孩子生涯规划的首要人选。由于班主任这种独特的角色优势，在新的时代背景下，生涯教育规划指导成为班主任新的工作职责之一。

无疑，生涯教育规划指导是一项专业性和实践性很强的工作，需要班主任具有一定的知识储备与专业技能才能很好地胜任。为了胜任该工作，班主任需要获得生涯教育规划指导方面较系统的理论学习与实践训练，通过多种途径不断提升班主任生涯教育规划指导胜任力。

因此，班主任应定期通过班主任工作坊、班主任生涯团体辅导等方式，开展体验式学习，促进生涯教育规划理念的内化，帮助班主任在实践体验、交流互动中优化自己的生涯指导力；同时采用任务驱动的行动路径，加强班主任生涯教育指导的实操训练。

班主任每学期要完成生涯教育指导“六个一”活动，即发布一次学生生涯创新论坛、设计一堂生涯主题教育课、组织一堂生涯主题班会、参加一次生涯实践活动、体验一次生涯团体辅导活动、开展一次生涯家庭教育指导。

拓展阅读：

“认知 + 体验 + 规划”的三级分层生涯指导①

浙江省杭州闻涛中学班主任徐艳萍老师根据初中生生涯发展水平的现状和存在的主要问题，构建了“认知 + 体验 + 规划”的三级分层生涯指导模式，供我们班主任借鉴与启示（见图 1 – 1）。

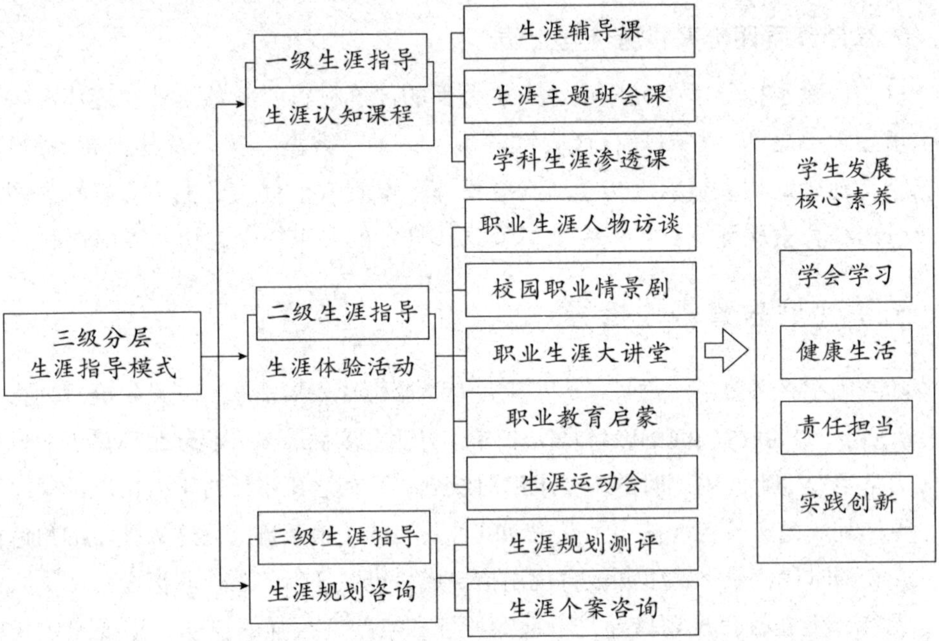

图 1 – 1　初中生涯教育的三级分层指导模式架构

一级生涯指导以生涯认知课程为核心，初步培养学生的生涯意识；二级生涯指导以生涯体验活动为重点，带领学生了解职业和社会需求；三级生涯指导以生涯规划咨询为基石，解决个别学生的生涯困顿。三种不同层次的生涯指导既满足了普及性的生涯需求，又对有特别需要的学生给予深层次的引领，全面普及与深

① 徐艳萍. 认知 + 体验 + 规划：初中生涯教育三级分层指导模式的构建［J］. 中小学心理健康教育，2019（25）：19 – 24.

度引领有机结合，有效地唤醒了学生的生涯意识，生涯行动力得以不断提升。

生涯课程的实施者主要是心理咨询教师、班主任、任课教师，内容的侧重点各有不同。心理咨询教师主要对学生进行自我探索和生涯唤醒的引导，班主任结合本班同学实际情况进行生涯教育主题辅导，各学科教师则在具体学科的教学中渗透生涯意识。

主题3

班主任的基本素质

班主任的素质直接影响着学生的成长和教育的质量。教育部颁发的《中小学班主任工作规定》第七条明确规定：选聘班主任应当在教师任职条件的基础上突出考查以下条件：（一）作风正派，心理健康，为人师表；（二）热爱学生，善于与学生、学生家长及其他任课教师沟通；（三）爱岗敬业，具有较强的教育引导和组织管理能力。作为新时代的班主任，应该具备哪些基本素质呢？这里重点阐述以下4个方面的素质。

一、较高的职业道德素质

班主任的职业道德素质要求班主任爱岗敬业，为人师表，热爱学生，团结协作等。

首先，班主任要忠诚党的教育事业，坚定地贯彻党的教育方针，爱岗敬业，用社会主义核心价值观涵养学生，用时代精神感召学生，努力把学生培养成为社会主义事业的建设者和接班人。这是社会主义国家性质对教育的要求。

班主任是学生的人生导师，自身品德修养潜移默化影响着学生。孔子曰，“其身正，不令而行；其身不正，虽令不从”。班主任必须具备良好的思想道德素质，凡是要求学生做到的，自己要率先垂范、以身作则。在班主任潜移默化的影响之下，学生养成正确的世界观、人生观和价值观，具有高尚的道德情操和崇高的思想境界。

热爱学生是班主任职业道德素养的核心。没有爱就没有教育。班主任热爱学生，要全面了解学生，尊重学生个性差异，相信每个学生都有发展的潜能和可塑性；要关注学生德智体美劳全面发展；要公平公正地对待每个学生，形成民主平等的师生关系；要严格要求学生，没有要求的爱不是真正的爱。

拓展阅读：

中小学教师职业道德规范（2008 年修订）①

一、爱国守法。热爱祖国，热爱人民，拥护中国共产党领导，拥护社会主义。全面贯彻国家教育方针，自觉遵守教育法律法规，依法履行教师职责权利。不得有违背党和国家方针政策的言行。

二、爱岗敬业。忠诚于人民教育事业，志存高远，勤恳敬业，甘为人梯，乐于奉献。对工作高度负责，认真备课上课，认真批改作业，认真辅导学生。不得敷衍塞责。

三、关爱学生。关心爱护全体学生，尊重学生人格，平等公正对待学生。对学生严慈相济，做学生良师益友。保护学生安全，关心学生健康，维护学生权益。不讽刺、挖苦、歧视学生，不体罚或变相体罚学生。

四、教书育人。遵循教育规律，实施素质教育。循循善诱，诲人不倦，因材施教。培养学生良好品行，激发学生创新精神，促进学生全面发展。不以分数作为评价学生的唯一标准。

五、为人师表。坚守高尚情操，知荣明耻，严于律己，以身作则。衣着得体，语言规范，举止文明。关心集体，团结协作，尊重同事，尊重家长。作风正派，廉洁奉公。自觉抵制有偿家教，不利用职务之便谋取私利。

六、终身学习。崇尚科学精神，树立终身学习理念，拓宽知识视野，更新知识结构。潜心钻研业务，勇于探索创新，不断提高专业素养和教育教学水平。

---

① 《中小学教师职业道德规范（2008 年修订）》全文，中国教育，https://www.edu.cn/edu/zheng_ce_gs_gui/jiao_yu_fa_gui/200809/t20080903_322345.shtml.

二、较好的文化素质

班主任要做好班级管理工作，出色完成教学任务，需要具备丰富的文化知识素质。苏霍姆林斯基说："读书，读书，再读书——教师的教育素养就取决于此。要把读书当作第一精神需要，当作饥饿者的食物，要有读书的兴趣，要喜欢博览群书，要能在书本面前坐下来，深入地思考。"班主任要博览群书，提升自己的文化素质。班主任的文化素质主要包括如下3个方面。

1. 任教学科的专业知识

班主任要精通所教学科的专业知识，准确解读课程标准，轻松自如地把握所教学科的核心素养，会上课、上好课。学生相信会上课的教师，信赖佩服教师的专业素养。班主任要树立好自己独有的"专业品牌"，利用专业来影响学生，提高班主任的工作实效。学生信其道，自然亲其师也。

2. 教育学科知识

班主任要博览教育学、心理学和教育管理方面的专业书籍，重视教育理论知识的学习。著名教育家马卡连柯很重视理论学习，他说："我非常尊重教育理论，离开了教育理论，我是不能工作的。"掌握基本的教育理论，班主任能更顺利地开展教育工作。教育是一项极其复杂的培养人的社会实践活动，班主任利用教育理论的力量，在理论的指导下，有的放矢、因材施教，健全班主任的教育机制，提高班主任工作效能。班主任还应该读一些具有教育实践经验的教育名家的教育书籍，将这些教育经验运用到班主任实际工作中，对班主任工作很有借鉴作用。

3. 广博的多学科知识

加里宁说："教师一方面要献出自己的东西；另一方面又要像海绵一样，从人民中、生活中和科学中吸收一切优良的东西，然后把这些优良的东西贡献给学生。"学生常会向班主任提出各种各样的问题，如果班主任能利用自己广博的学科知识，科学而又准确地解答他们提出的问题或指导其探求知识的方法，将会成为学生的良师益友，学生会非常敬佩和亲近班主任，这无疑对班主任工作质量的提高打下良好的、坚实的基础。

知识面窄、孤陋寡闻的班主任没有威信，也难以开展好班级的工作。因此，班主任教师必须不断学习，拓宽自己的知识视野，上至天文、下至地理，社会科学、自然科学、古今中外的知识，都要懂一点。既要发挥自己的专业优势，又要补上自己的短板，做到文理相通。班主任的知识结构应成为“金字塔”结构，既有广博的基础知识面，又有精深的专业知识。

三、较强的能力素质

良好的职业道德素质是思想基础，渊博的文化知识素质是物质保障，那么精湛的业务能力素质则是做好班主任工作的实质性因素。班主任需要具备哪些基本能力素质呢？这里重点论述教育教学能力、班级组织管理能力、协调沟通能力、心理辅导能力等4种能力素质。

1. 教育教学能力

班主任突出的教育教学能力是对学生最好的示范，是班主任最基本的能力素质之一。教育教学业务能力强的班主任很容易在学生面前树立威信。班主任通过观察、谈话、调查等多种形式了解学生的健康状况、性格特征、兴趣爱好、家庭情况、心理需求、学习状况及发展变化等信息，做出准确、合理的分析，拟定有效的教育教学方法，有的放矢、因材施教。班主任公平对待所有学生，尤其对学困生，要有耐心、有恒心、有方法地去教化他们。班主任认真上好课，终身学习，不断提升教育教学能力。

2. 班级组织管理能力

班级组织管理能力是班主任最基本的能力素质。班集体的建设、班级活动的开展都需要班主任具有良好的组织管理能力。班主任要善于发现和培养优秀的班级干部队伍，形成坚强的管理核心；要引导学生确立班级的目标，制定班级规章制度；引领班集体形成积极向上的班级舆论，创建优秀的班集体；要指导学生开展丰富多彩、富有教育意义的班级活动，让学生在活动中体验、感悟、反思和成长。

班主任工作既要面向班级，又要面对个别学生，这就要求班主任具有组织者、管理者的才能。班主任既要善于组织良好的班集体，善于组织丰富多彩的教育活动，善于做好班级各项工作，还要针对个别学生的情况采取切实可行的方式方法进行教育。在班级管理中变“管”为“育”，使每项管理活动都发挥教育功能，培养学生自我教育的能力。在班级管理上，班主任安排各项工作统筹兼顾，考虑问题周密，使各项工作井然有序。

3. 协调沟通能力

协调沟通能力是班主任必不可少的能力素质。班主任是学校与学生、学校与家长、家长与学生的桥梁和纽带，也是班级和各学科任课教师的协调者。班主任要善于同各种人交往，善于与家庭沟通、与社会联系，充分发挥协调沟通作用，获得任课教师的支持、家长的认可，进一步形成多方合力、齐抓共管的良好局面。

协调各方面的力量，共同把班级工作搞好是班主任的一项重要任务。因此，班主任要善于同有关部门、有关人员交往。首先，班主任要与任课教师通力合作，形成一个以班主任为核心的目标一致的教育团队。这就要求班主任主动与任课教师互通情况、研究问题、讨论措施、制订规划，及时发现问题和解决问题，热情地邀请任课教师参加班级活动，请他们配合班级工作。其次，班主任要和家长建立良好关系，通过家长及时了解学生在家的表现和各方面情况，向家长反映学生在校情况，做到家校协作，形成教育合力。

4. 一定的心理辅导能力

近十年来，我国中小学学生心理困扰与障碍日益增多，学生心理健康问题呈上升趋势，心理辅导、心理咨询、心理健康教育工作日益受到关注，发展快速。班主任作为学生在求学阶段的“最重要的他人”，理应关注学生的心理健康教育和辅导，具备一定的心理辅导能力。

班主任要不断学习基本的心理健康方面的知识，掌握一些基本的心理疏导和辅导的方法，学会借助于学校心理咨询教师的力量，或医院和社会心理咨询机构的力量，帮助有心理问题的学生早日走出困境。班主任可以在班级内开展心理健康知识讲座，普及心理健康知识。班主任要关注学生因为成长而出现的常见的心理问题，例如，学习焦虑、考试焦虑或厌学，交友问题或亲子关系问题等，及时与家长沟通，通过观察、访谈等了解学生这些心理问题背后的成因，对症下药，提供心理支持，找到心理调适方法，帮助学生走出心理的阴霾。班主任在面对有严重心理问题的学生时，一定要主动与家长、学校心理咨询教师、医院等心理诊断和治疗机构联系，以便及早对问题学生进行心理干预与治疗。

拓展阅读：

班主任的应变能力和表达能力是值得关注的重要能力①

广东省东莞实验中学杨天碧老师认为，机智的应变能力和生动的表达能力也是班主任十分重要的能力。

机智的应变能力。它是指班主任善于因势利导，随机应变处理各种突发事件的能力。要想取得良好的教育效果，就要求班主任根据具体情况因材、因时、因人施教，并在特定条件下灵活应对，采取最有效的方式方法教育学生。当前学生的思想、观念有许多新变化，班级工作中会遇到许多新情况、新问题。班主任不能仅凭过去的经验办事，要根据变化了的情况改变教育方法和内容，机智灵活地处理过去所没有遇到过的新问题。这对新时期的班主任来说十分重要。

生动的表达能力。语言表达是班主任能力结构中重要的因素之一。班主任在教育学生过程中要想取得显著成效，除了具有较强的事业心、责任感，具有渊博的知识和丰富的经验外，善于运用丰富、生动、形象的教育语言也是一个重要因素。班主任应当是语言艺术的专家，除了一般所要求的语言要准确、明了、简练、通俗、规范、流畅外，还应当具有说服力、感染力、鼓动力，使学生能入耳、入脑，能打动学生的心灵。

四、健康的个性心理品质

一个优秀的班主任应具备优良的个性心理品质，如乐观、热情、求实、宽容、坚毅、耐心、自制、合群、幽默等。这里重点论述以下几种班主任优秀的个性心理品质。

1. 积极乐观的情绪情感

班主任精神饱满、积极向上的情绪情感会潜移默化地感染学生，有利于学生

① 杨天碧. 浅谈班主任应具备的素质和能力[J]. 广西教育，2004（11）：46.

心理健康发展，形成良好的个性品质。赞可夫说：“如果教师本身燃烧着对知识的渴望，学生就会迷恋于获取知识。”班主任以这种积极饱满的情绪，带领学生去探索知识的奥秘，有利于学生的学习兴趣和积极情绪的产生。

班主任友善、公正、信任、尊重地对待学生，做学生的良师益友。学生耳濡目染，浸润在这些优秀的品质中，他们身上也会慢慢地拥有这些品质。德国著名教育家第斯多惠说：“一个真正的教育者，根据他自己和别人的宝贵经验，他知道，通过你是什么样的人要比你知道什么，可以获得更大的成效。”

班主任是学生最直接的榜样，其理想人格似春雨“随风潜入夜，润物细无声”，潜移默化地影响着学生的人格。教书育人是一项光荣而艰巨的工作，因此，班主任要以高尚的人格、积极乐观的情绪情感影响学生，培养学生的优秀品质，促进学生心理健康发展。

2. 控制情绪的能力

班主任要善于控制自己的情绪，努力做到喜而不狂、忧而不愁、烦而不躁，冷静理性地处理工作中遇到的问题。冲动是魔鬼，不能控制情绪的人往往会把事情弄得更糟，对解决问题于事无补。因此，班主任不能把自己的情绪情感带到班级管理中来，令学生反感。在处理班级棘手的问题时，班主任要克制自身情感的冲动，理性地解决问题。班主任是学生的榜样，善于控制情绪，不但能赢得学生的尊重，更重要的是，通过言传身教，使学生懂得情绪控制的重要性，学会理性地看待问题和解决问题。

班主任在工作中要约束自己的动作、语言，做到沉着、自制、有耐心。遇到不听规劝、情绪激动、恶语相加、蛮横顶撞的学生时，班主任不要火冒三丈，体罚或变相体罚学生，要学会心平气和地解决问题。有的班主任在与学生发生冲突时，为了所谓面子，总想在气势上压倒学生，在言语上压服学生。这样的处理方式往往适得其反，师生关系渐行渐远，问题也得不到解决。班主任要和善对待每位学生，理性对待工作中发生的事情，只有这样，工作开展起来才会收到事半功倍的效果。

3. 坚韧不拔的毅力

坚韧不拔的毅力是班主任工作能够取得成功的另一重要的心理品质。班主任的具体工作纷繁复杂，教育教学实践中的问题更是五花八门。这繁杂而艰巨的工作要求班主任能够迎难而上、不屈不挠、永不放弃。尤其是对待学困生，班主任更需要有耐心、信心与坚持不懈，坚持才能取得胜利。

总之，班主任坚韧不拔的毅力和不屈不挠的精神，是对学生最好的榜样教育。班主任在班级管理上的持之以恒，是班级工作取得成效的重要保障。

4. 顽强的耐挫力

教书育人的复杂性、艰巨性、反复性决定了班主任工作的高难度。教书育人不是一蹴而就，而是一个循序渐进的过程，在这个过程中的每一环都会遇到不少困难。因此，班主任要充分做好迎接各种挫折的心理准备，提高耐挫力。

一方面，班主任应该认识到工作中遇到挫折是正常的，挫折会产生心理上的痛苦，班主任要学会排遣、宣泄这些负面情绪，比如可以找人倾诉或写日记宣泄自己的情绪，或者通过听音乐、看电影、运动等方式排遣自己的负面情绪。

另一方面，班主任要认识到挫折更是挑战和成长的机会，从挫折中汲取教训，从而改善以后的工作方法，提升工作效果。办法总比困难多，困难终究会被解决。在挫折降临时，班主任要用理性思考和坚强的意志去努力克服困难，眼前便会“柳暗花明又一村”。

5. 有耐心

教育学者张文质先生积极倡导和实践生命化教育，认为教育是“慢的艺术”。行走在教育的路上，教师不仅仅是教知识，更要关注学生生命发展的状况，这就是“慢的艺术”，是对生命的敬畏。因此，在忙碌的工作中，班主任需要停下匆忙的步履，怀揣耐心，以积极的态度对待身边发生的事。这份耐心是班主任对待工作的一种怀着期望的等待、引导乃至谅解。

班主任有耐心，才不会太功利，才会遵循学生身心发展特征，尊重他们的个性差异，因材施教。班主任有耐心，才会等待学生的成长，引导他们成长，而不是“越俎代庖”。面对学生的不良习惯，面对学生犯错，班主任应以一颗宽容的心引导他们、鼓励他们，乃至谅解他们。

班主任有耐心，以润物细无声的心态教育学生，这是生命潜移默化的过程。如果班主任对待工作急于求成，追求高效率、快节奏，对学生急切督促，严厉训斥，往往欲速则不达。

拓展阅读：

幽默也是班主任可贵的个性心理品质①

重庆市巴蜀中学陈玉琼老师，总结自己做班主任的工作经验，认为幽默也是班主任可贵的个性心理品质，使用幽默语言会化解师生矛盾，提高育人的艺术。

语言既是工具，又是艺术。而班主任的工作艺术从某种意义上讲就是与人相处的艺术，就是“舌耕”的艺术。班主任的语言有亲和力、感召力、吸引力、说服力，是班主任与学生走近的第一步。与学生的心灵距离拉近，学生便会贴近班主任、喜欢班主任，对班主任的话愿听、乐听，甚至对班主任敬若神灵。在这样的氛围中，教育必能事半功倍。而幽默则是缩短距离的良方。波吉曾说：“笑是两个人之间最短的距离。”苏联一位诗人也曾说：“教育家最主要的，也是第一位助手是幽默。”

在单调乏味的场合，班主任一句幽默语言，可以营造一种生动活泼、健康风趣的氛围，同时也纠正了某些学生的小错误。例如，课间眼保健操，有的学生不想做，只做个姿势却没有实际动作，针对这种情况，班主任说了句：“同学们，为了保护好你心灵的窗户，做操请不要光摆造型。”话音一落，有些学生便在窃笑，而那些不认真的学生也开始动作规范起来。

幽默是语言批评方式的一种软着陆，它以笑声代替批评，产生的效果比直接的批评强若干倍。例如，有一次，发现班上某男生的头发有些脏、乱、长，便对全班学生说了这么一句话：“我们班上某些男同学的头发资源已经很丰富了哟，是不是也该为自己的头发减负提质了呢？”全班哗然。第二天，再观察该学生，他的头发剪短了，也洗干净了。在这种艺术的批评中，既保护了学生的自尊，又让他接受了批评，改正了错误。这也不失为一种清新的极佳的教育方式。

作为班主任，学生会因为你的幽默而和你靠得更近，也会因为你的幽默而其乐融融。幽默是一种润滑剂、兴奋剂、清新剂、调和剂；幽默是心灵的交流和智慧的涌动；幽默更是班主任的一种境界，一种育人的艺术。

---

① 陈玉琼. 班主任工作中的语言幽默艺术［J］. 中国校外教育，2014（S3）：235.

主题4

班主任的人际关系

班主任是班集体的建设者，是学生健康成长的人生导师，是联系任课教师的纽带，是联结学校、家庭、社会的桥梁。班主任工作涉及纷杂的人际关系，需要处理好诸多方面的关系。对班级建设和发展、学生成长最主要的、影响最大的是学生、任课教师和家长。因此，这里重点谈谈班主任与学生、任课教师、家长的人际关系以及如何处理好这些关系，有效促进家校协调合作、教师团结协作和学生健康全面发展。

一、班主任与学生之间的指导关系

班主任是学生成长路上的人生导师，班主任和学生最重要的关系是指导关系。班主任应该以自身精湛的专业业务能力，给予学生求学路上的正确指导；班主任应该以自身丰富的人生经验、人生智慧和人格魅力，潜移默化引领学生学会做人、学会生活。和谐的师生关系有利于学生的健康成长，有利于班集体的和谐发展。如何建立班主任与学生间和谐的指导关系呢？

1. 热爱学生

没有爱就没有教育。热爱学生是建立良好师生关系的基础。班主任热爱学生，首先应该全面了解学生，尊重学生的差异，理解学生的需求。班主任应以学生需要的方式去爱他们，遵循学生成长的规律，严格要求学生。以诚相待，师生才会心心相印。

2. 以身作则

子曰："其身正，不令而行；其身不正，虽令不从。"班主任应该以身作则，身教先于言传，成为学生成长路上的榜样。让学生做到的事情，班主任应该率先做到。班主任要注意自己的言行仪表，积极深入学生学习生活中，参与学生的各类活动，倾听他们的心声，达到师生心灵相通，让学生自觉接受教育；班主任要正确对待学生的错误，以理服人，对自己的错误要敢于承认，有错必改，取得学生的谅解和信任；班主任要加强学习，提升自身魅力。总之，班主任要以身作则、以身立教，成为学生的楷模。

3. 关注学生的学业发展

学生的学业成绩是班主任指导学生的一个重要方面。班主任要热爱任教的学科，以精湛的教学能力给予学生专业的学业指导。班主任应了解每个学生各学科上的优势和不足，利用班级活动进行学习习惯、学习方法等方面的指导。班主任还应主动与任课教师定期沟通，对学生的不同学科采取有针对性的教学措施，指导学生如何提升自己的各科成绩。

4. 关注学生的身心健康

当前，社会、家庭、学校给学生带来一定压力，致使不少学生产生学业焦虑、抑郁等心理问题，学生沉迷网络、厌学、校园欺凌等问题也层出不穷。班主任应随时随地关注学生的思想动态，通过观察、调查、谈话、走访学生家庭等方式，了解学生心理健康问题，建立问题学生心理档案。与学校心理咨询教师联手，利用道德与法治课、心理健康课、班级活动对学生进行心理健康教育。班主任要不断学习，提升自身的心理健康教育能力，耐心、细心地对学生进行心理教育和辅导，帮助学生疏解焦虑，改善学生的人际关系，学会控制情绪等，促进学生身心健康发展。

二、班主任与任课教师之间的协作关系

班主任是班级建设和发展的核心力量，班集体的健康发展离不开所有教师的协作。班主任要与任课教师真诚协作，为任课教师构建和谐的工作环境，充分调动任课教师的工作积极性，取得任课教师的支持，形成教育合力，促进班集体共同进步。班主任如何建立与任课教师间的协作关系呢？

1. 尊重任课教师，做他们的坚强后盾

班主任要尊重每一位任课教师，向学生和家长介绍每一位任课教师的优点和特长，让学生感受到每个任课老师都是优秀的；尊重任课教师任教的科目，教育

学生重视每一门学科，引导学生认真上好每节课，学好每科知识，做好每科作业。班主任要积极协助任课教师在学生中树立威信，让学生对任课教师“亲其师，信其道”，喜欢学习，进而提升成绩。

此外，班主任要主动就班级学生情况定期与任课教师进行沟通，这样不仅能增进班主任与任课教师之间的了解，而且统一了教师对学生的要求，使教师团队能形成教育合力，开展团结协作。

2. 树立全局观，做好任课教师之间的协调

在一个班级里，任课教师之间难免会因课务问题、作业问题以及对待学生方面产生一些分歧。班主任要有全局观，全面统筹，尽力做好协调工作；切不可厚此薄彼，待人做事不公平，将会伤害任课教师的工作积极性。

例如，任课教师因故调课，班级早午晚值班调整，班主任应尽力协调，帮忙分担。对于班级各科的作业量和任课教师的辅导时间安排，班主任应与任课教师协调，根据课程标准的学段要求，合理安排辅导时间，合理布置作业量。尽量避免出现某科作业量太大、某科辅导时间过长的情况，以免引起学生的抱怨、任课教师间的不和，影响教师的工作热情。

3. 妥善处理任课教师与学生的关系

维护良好的师生关系、化解学生与任课教师之间的矛盾，是班主任协调工作值得重视的地方。当任课教师与学生之间出现问题时，班主任要妥善处理好学生与任课教师的矛盾，坚持实事求是、尊师爱生的原则，及时疏导协调，使双方矛盾及时得以化解，绝不能出现贬低任课教师讨好学生的情况，或与任课教师共同训斥学生的现象。班主任既要维护任课教师的威信，也要让学生心服口服，不能让学生产生怨恨，或让任课教师产生隔阂，从而影响师生关系。

总之，班主任要协调好学生与各任课教师的关系，做到真诚相待、将心比心。以班集体进步为共同目标，为了学生的健康成长与发展，为了教师工作幸福快乐，师生应共同创设和谐的教学环境。

三、班主任与家长之间的合作关系

家庭是学生的第一课堂，家长是学生的第一任教师，家长的言行对学生的影响巨大。班主任要加强与家长的沟通交流，得到家长的理解支持，建立家校间的合作关系，形成家校共育的良好氛围，共同促进学生健康成长。班主任如何与家长建立合作关系呢？

1. 尊重家长，赢得信任

班主任应该尊重每一位家长。不管家长背景如何，不管学生成绩如何、表现如何，班主任都要对家长以礼相待。尊重家长就是尊重自己，良好的礼节显示班主任的优秀品德。

尊重家长，班主任应该懂得换位思考，从而能真正了解家长对学生的期待，对教师、对学校的需求。在实践中，班主任真心关心学生的生活和学习，关注学生的身心健康，像对待自己的孩子一样对待学生，赢得家长的信任，做让家长放心的班主任。有了家长的信任，班主任的工作一定能顺利开展。

2. 方法指导，形成共识

不同的学生来自不同的家庭。家长的教育水平不同，人生阅历不同，自然拥有的教育观念不同，对学校工作和班主任工作的支持程度就会有很大差异。班主任针对不同的家长和学生，应采用不同的沟通交流方法，达成共识，促进学生健康成长。

一是班主任要重视家长会，认真策划组织好家长会。家长会是家长了解班级、了解班主任和任课教师最直接的交流方式。家长会不仅要介绍学生的学习情况，更要指导家长如何正确教育孩子，教给家长教育子女的方法，为家长们答疑解惑。指导家长时，多给予可操作性的建议，比如，指导孩子养成健康的生活习惯等。班主任要重视与家长之间的相互交流，分享给家长优秀教育经验，共同为教育好孩子献计献策。

二是班主任要创造条件，积极家访。登门家访是班主任了解学生真实情况的重要途径，也是与家长沟通的重要方式。孟母三迁，可见生活环境对学生何其重要。班主任须亲自了解学生所住的家庭环境，才能更好地走进学生心灵，与家长进行有针对性的沟通，才能更好地教育学生。家访前，班主任应做好充分准备，认真考虑家访的目的、谈话内容，怎样交谈等。在家访中，班主任要廉洁自律，不给家长添麻烦。家访后，班主任要及时总结并反思家访效果如何，进一步发现问题、解决问题。

三是班主任应采取多种方式主动与家长沟通。除了家访，班主任还可以通过家校联系本、家校通、电话、QQ、微信等多种方式，加强和家长的联系与沟通，或者定期约请家长走进课堂。

总之，班主任秉承真心关爱学生的理念，积极主动与家长沟通，对家长以礼相待，有效指导家长教育孩子，自然能获得家长的理解和支持，班主任和家长间的合作关系会更紧密，班主任的工作会开展得更好。

拓展阅读：

班主任与其他班主任、学校领导之间的关系①

甘肃省武威市第六中学班主任王永国老师探讨了班主任和其他班主任的关系以及班主任与学校领导的关系。这些也是班主任需要关注的地方。

班主任与其他班主任之间的关系是一种特殊的人际关系。尽管不同的班主任的工作性质是一样的，都从事班级管理工作，但其特殊性主要体现在管理不同的班级而有着不同的管理形式和体验。因此，班主任之间的关系，从某种意义上来讲应该是一种合作兼竞争的关系。班主任之间要不断交流管理经验、相互合作，提高管理水平。同时，班主任之间的良性、有序竞争是提高班级管理水平的重要方式。

班主任工作是为学校教育的发展提供服务，因此，班主任还要处理好与校领导的关系，这样才能更有序地开展工作。班主任一定要明白自己的使命，摆正自己的位置；既要尊重和服从校领导，又要大胆创新，用自身的优势来突破传统，做好工作。班主任是班集体的组织者，学校的很多信息都要通过班主任传递给学生，并且由班主任贯彻执行。班主任是校领导了解学生以及班级整体情况的直接对象，班主任及时有效地汇报相关情况，对学校制订相关发展计划提供有力的支持。因此，班主任有效地协调与校领导的关系，处理好学生与校领导信息的沟通工作是班主任工作的重要组成部分。班主任只有与校领导处理好关系，才能在一个良好、稳定的环境中展开工作，实现自己的工作理想，有力地推动整个班级管理工作。

① 王永国．人际关系视角的中学班主任工作研究［J］．甘肃教育，2012（17）：16.

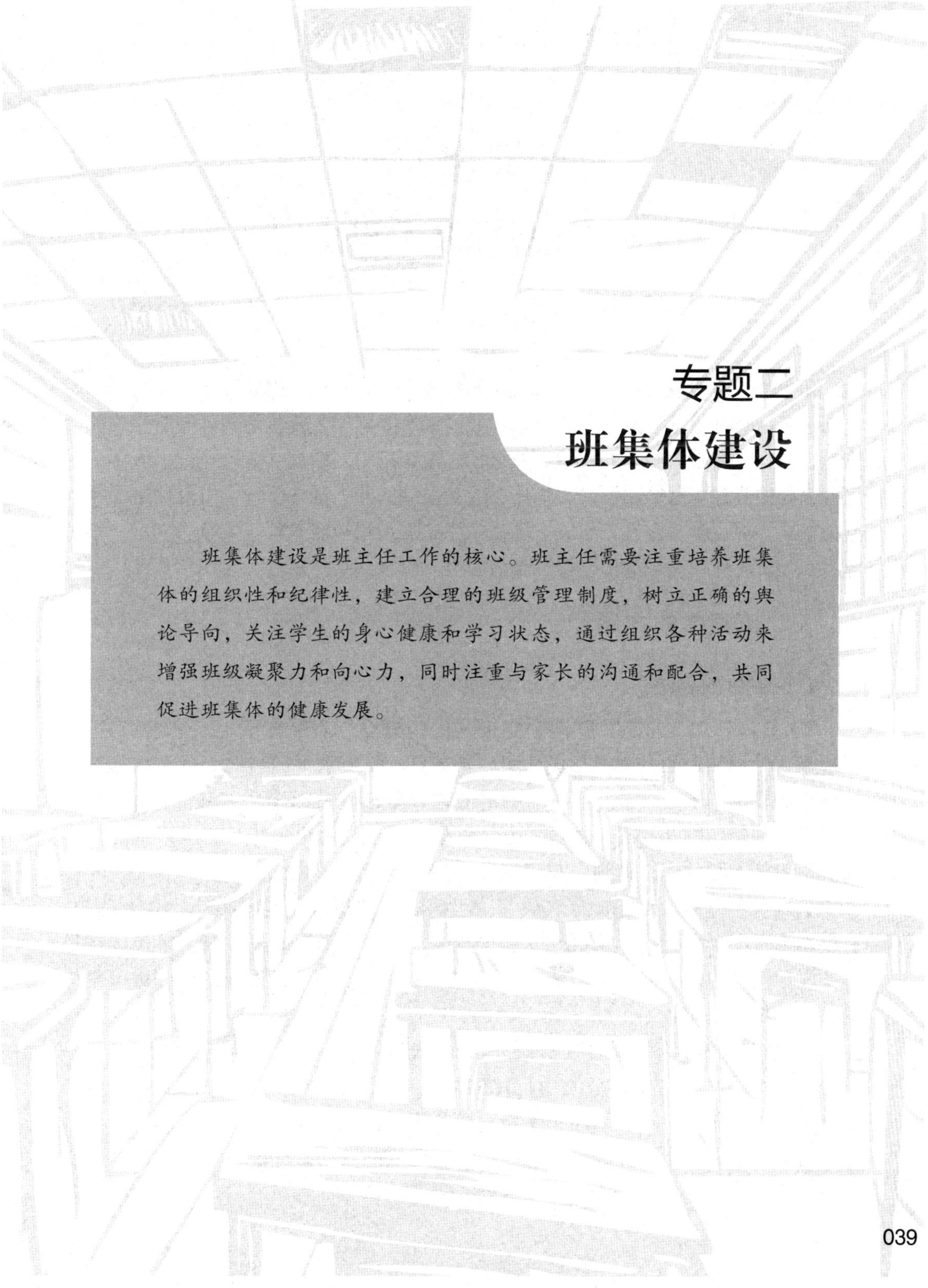

专题二 班集体建设

班集体建设是班主任工作的核心。班主任需要注重培养班集体的组织性和纪律性，建立合理的班级管理制度，树立正确的舆论导向，关注学生的身心健康和学习状态，通过组织各种活动来增强班级凝聚力和向心力，同时注重与家长的沟通和配合，共同促进班集体的健康发展。

主题 1

班集体的基本界定

班集体是班级发展的高级阶段。从班级发展成班集体，需要班主任有目的、有计划、有组织地引导与建设。班集体构成的基本要素，主要包括教师与学生、教育场地、教育资料三大硬件要素，以及目标、组织机构、活动、班风班纪、人际关系等五大软件要素。进一步探讨班集体形成和发展的四大基本阶段，以及促进学生社会化发展、促进学生个性化发展、满足学生心理与精神需求等三大基本功能。本主题旨在为班主任开展班集体建设、班级管理、班级活动奠定思想与观念基础。

一、班集体的内涵

1. 班集体的界定

“班集体”和“班级”是两个完全不同的概念。班级侧重于一个组织名称，一般是在学校编班的基础上形成的同一年龄段、发展水平相当的一群学生相对固定地聚集在一起形成“班”，处于一定的教育阶段上从而形成“级”。而班集体侧重于一种价值判断和关系构成。班级不会自然地成为班集体，班级形成班集体需要班主任有目的、有计划、有组织地引导与建设。

到底班集体是什么呢？有人认为，组织有序的班级就是班集体；有人认为，有凝聚力且积极向上的学生群体就是班集体；有人认为，以教学班为单位，按集体主义原则组建起来的学生群体是班集体。无疑，这些观点为进一步探讨班集体的内涵奠定了基础。

班集体是在学校编班的基础上，在班主任的教育指导和集体主义价值引导下，以班级为基础建立起来的规范化的社会组织，由学生组成的社会心理共同体。班集体不是单个学生的简单聚集，而是班级群体发展的高级形式，具有有机整体的特征，在学生群体的主体参与性、社会成熟度、心理统一性等方面远远高于班级水平，追求集体主义的价值导向。

班集体形成以后，具备如下 5 个基本特征：共同的愿景，给学生无限的憧憬和努力的方向；健全的组织机构，赋予每个学生对集体的义务与权利；有效的集体规范，引导班级学习生活更有序；良好的人际关系，让学生感受家的温暖；优良的班风和传统，让学生为班级自豪。

可见，班集体是指有一个坚强领导核心，有自觉纪律，有公正舆论的、团结友爱、勤奋好学、能以集体主义价值观为导向、为实现班级整体目标而共同活动着的集合体。班集体一旦形成，会对其中的每个学生产生同化作用和持续的教育影响，促进学生的发展。

2. 班集体的基本要素

班集体构成的基本要素主要包括哪些呢？从硬件和软件两个方面来分析。

班集体的硬件要素，主要包括教师与学生、教育场地、教育资料等三要素。其一，教师与学生是构成班集体教育教学活动的主体。其二，教育场地是班集体教育教学活动的必要场所，如教室、操场、实验室、图书馆、教学仪器设备室等。其三，教育资料是班集体教育教学活动的根本保证，如课程及教材、各种图书资料等。

班集体的软件要素，主要包括班集体目标、组织机构、活动、班风班纪、人际关系等五要素。一是班集体目标，主要包括班集体在德、智、体、美、劳等方面的发展目标及学生个性的发展目标。二是组织机构，主要包括班委会、少先队、团支部，以及各种学习小组、值日小组、考勤小组、课外兴趣小组、服务小组。三是活动，分为日常性班级活动和阶段性班级活动两大类。四是班风班纪，是良好班集体形成的标志，主要表现在出勤情况、课堂纪律、学习自觉性、文明习惯、集体荣誉感等方面。五是人际关系，是学生主体通过活动交往在相互影响中形成的内在联系，包括垂直关系（如班主任与学生之间、任课教师与学生之间）、水平关系（如学生与学生之间）和点面关系（个人与集体之间）。

二、班集体的形成和发展阶段

班集体的形成与发展具有阶段性。根据组织学、群体心理学和主体性发展的规律，把班集体的形成与发展分成如下 4 个阶段，即建立组织规范阶段、优化群体心理阶段、发展集体主体性阶段、关注每一个学生个性发展阶段。尽管这 4 个发展阶段具有相对独立性，但是彼此之间是相互影响和不可分割的，有时前阶段还在进行的时候，后阶段也协同开展了，中间没有很明显的界限。

建立组织规范阶段，是班集体形成和发展的第一个阶段。当新组建班级时，班主任吸纳班级每个学生的意见，选拔班干部，建立班级的管理机构，制定班级规范，并适时进行调整，引导班级工作有条不紊地展开，促使学生对班级产生有序感和认同感。

优化群体心理阶段，是班集体形成和发展的第二个阶段。当一个班级有了组织机制并基本稳定后，就进入第二个发展阶段。该阶段以优化班级群体心理为主要目标，通过真诚对话、合作活动、问题讨论等方式，营造积极快乐的集体氛围，优化班内学生之间以理解、信任、尊重等为价值取向的情感关系。同时，促进形成班集体积极的价值共识和舆论，班集体关心和接纳每个学生，每个学生也自觉关心、爱护班集体。在班集体开展的各种活动中，学生团结一致，具有强烈的自豪感、凝聚力和合作精神。

发展集体主体性阶段，是班集体形成和发展的第三个阶段。在该阶段，尊重班集体意愿，唤起班集体发展的主体意识，形成班集体积极的价值共识和追求。班集体舆论和人际关系有助于体现班集体积极自觉的价值共识。在该阶段，班集体具有自主管理、自我教育、自己解决集体问题的意识和能力；学生能够自己设计和变革班级组织管理方式，以更好地适应班集体和学生发展的需求。

关注每一个学生个性发展阶段，是班集体形成和发展的第四个阶段。班集体建设的终极目标是使每个学生的个性和谐、充分地发展。班集体能自觉地考虑每个学生的发展需求，尊重每个学生的个性，发现每个学生的长处，把每个学生看作班集体中不可缺少的一员，为每个学生的发展提供或创造机会，从而成为真正意义上的发展共同体。

拓展阅读：

班主任在班集体发展各阶段的举措①

班集体从初步形成到巩固成熟是一个连续的动态发展的过程。班主任建设一个优秀班集体，一般要经过如下过程。

1. 组建阶段

初进学校，学生们尽管在形式上同属于一个班级，实际上都是一个个孤立的个体。在组建阶段，主要靠班主任组织指挥，有目的地建设。该阶段，班集体的目的、任务都来自班主任以及任课教师的要求。

---

① 班集体[EB/OL]. https://baike.so.com/doc/5901641-6114541.html.

2. 形成核心阶段

在班主任的引导与培养下，在学生之间相互了解的基础上，涌现出了一批积极分子，班集体开始有了核心人物，开始协助班主任开展各项工作。该阶段，班集体依然主要受班主任的组织与指挥，有少数学生开始主动参与班级建设，但尚未形成正确的班级舆论与良好班风。

3. 发展阶段

这一阶段，班主任逐渐退居幕后，班集体逐渐成为教育主体。不仅学生干部，多数学生也能遵守纪律。教育要求已转化为学生的自觉需要，无须外在监督，大部分学生能管理和教育好自己。学生之间团结友爱，开始形成强有力的班级舆论与良好的班风。

4. 成熟阶段

这一阶段是班集体趋向成熟的时期，集体的特征得到充分的体现，全班已成为一个组织、制度健全的有机整体，整个班级洋溢着一种平等、和谐、上进、合作的心理氛围。班主任退居幕后，学生的主体作用得到充分的发挥，积极参与班级活动，自身个性特长得到发展。

三、班集体的基本功能

班集体的功能不仅对学生发展具有重要意义，而且对提高学校教育教学、完善师生人格等多方面都有积极的作用。这里主要从促进学生的角度来探讨班集体的三大基本功能。

1. 促进学生社会化发展

社会化指个体习得社会文化规范和适应社会环境，成为社会合格成员的过程，即学生从“生物人”逐渐成长为一个“社会人”的过程。学生的社会化包括道德、性别角色、行为、观念、能力、知识等方面的社会化。教育的重要功能就是促进人的社会化。班集体是学生个体实现社会化十分重要的机构。

班集体有班委会、少先队组织或共青团组织，拥有组织机构和制度规范，具有积极的价值导向以及符合社会发展要求的目标和教育内容。学生进入班集体，成为其中一员，就要遵从和依照班集体规范或制度行事，通过承担一定的社会角色和责任，与他人合作共事，处理人际冲突，参与制定规范和评价班集体中的人和事等，理解和掌握集体观念、集体规范，学会处理人际关系，习得扮演各种社会角色和行为的能力，养成一个社会公民的基本品质。

2. 促进学生个性化发展

个性是指一个人相对稳定和独特的心理结构和行为方式。个性发展包括认知、情感、意志、兴趣、态度、能力、行为方式、自我意识等方面的和谐发展。学生不仅要成为适应社会的合格成员，而且要成为与众不同、具有独特个性和有创造性的人。

班集体的自主管理为学生提供了不同的岗位和不同的角色，学生在承担班集体责任和角色的同时，也促进了自己的独特的个性情感、能力、行为等方面发生积极变化。班集体开展丰富多彩的活动，每个学生在共同的活动中展示自己独特的才能，发挥个性创造潜力，从而获得个性化发展。

3. 满足学生心理与精神需求

每个学生都具有获得安全感、关爱、新体验、自主、尊重、发现自我价值等基本心理需要和精神需求。这些心理需要和精神需要是学生内生动力的源泉。

班集体具有相互关爱、相互尊重的人际关系和自由安全的心理氛围，学生作为其中的成员，能得到班集体的尊重、关爱，能感受到自由、安全、愉悦的班集体心理氛围。同时，学生作为班集体中的一员，在关爱、尊重他人和承担班集体责任中发现自己的价值，获得归属感、自尊感与自我成就感。学生之间的交流不仅能满足学生求知的需求，而且能在相互理解中获得心理上的支持。班集体活动有助于引导学生感受到来自集体的精神力量，感受到生活的乐趣和生命的意义。

主题 2

班集体的目标建设

班集体目标就是班集体内所有师生的共同愿景与共同追求，能有效凝聚整个班集体的力量。如果没有班集体目标，班级就犹如没有罗盘导航的帆船，随波逐流，随时随地都有触礁的危险。班集体的目标建设是班集体建设的主要内容。班主任通过明确班集体目标，激励、唤起全班学生为实现目标而不断奋斗的内生动力，学生在完成目标后获得探索和学习成绩的快乐。实现目标的过程就是班集体的发展过程，也是学生的发展过程。班集体目标根据不同的分类标准，可分为成长期目标与短期目标、总目标与分目标、共同目标与个体目标等。这里主要阐述班主任如何制订班集体学段目标与学期目标、班集体共同目标与学生个体发展目标，以及如何实现班集体目标等。

一、制订班集体学段目标与学期目标

班集体的学段目标与学期目标不能由班主任“一言堂”直接确定，而是由师生共同畅想、共同制订。制订的流程如图 2－1 所示。

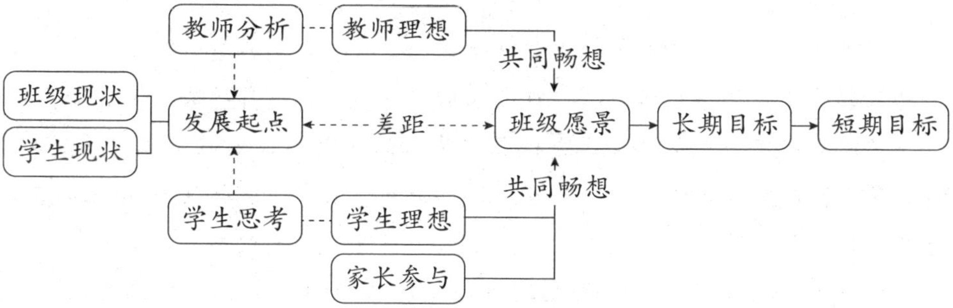

图 2－1 制订班集体学段目标与学期目标的流程

班集体学段目标，一般是指该班集体存在的时间，一般为整个学段时间，如小学六年、初中三年、高中三年，或班主任从接手一个新班级开始，到该学段毕业时所制订的班集体目标。班主任一接手某个班级，就应该考虑该班集体未来发展的学段目标。

然而，部分班主任不重视制订学段目标，认为只要制订好学期这个短期目标就可以了。甚至少数班主任还认为，自己可能不一定把这个班带到底，制订学段目标没有意义。所谓“人无远虑，必有近忧”，制订长期的学段目标对制订短期的学期目标、促进学生发展有很大的指导作用。班主任一接班，最重要的工作就是为全班学生带来希望，把希望变成目标，变成学生持续发展的内生动力。

制订班集体的学段目标很重要。由于表述比较抽象、不具体，一般还要进一步将其具体化，分解成学期目标，才有助于目标的一步步落实。班集体学期目标一般基于学段目标，以一个学期为实现期限，相对于整个学段而言，属于短期目标。绝大部分班主任把班集体学期目标写入班主任学期工作计划中。

班集体学期目标，是学段目标的具体化，是根据班集体现状与未来发展趋势而制订的。班主任的班级工作以学期为基本单元，但每个学期的工作不是简单的重复，而是渐进性的持续发展。每个学期的班主任工作是衔接的，保持着一贯性。对于处于不断发展与成长中的学生而言，每个学期都有不同的特点。因此，每个学期一开学班主任就要安排主题班会，确定班集体的学期目标。

拓展阅读：

如何制订班集体学段目标与学期目标？①

1. 如何制订班集体学段目标呢？

一是班主任畅想心目中的“理想班集体”。自己要把班集体带向何处？自己心中的美好班集体是什么样子的？自己如何努力去实现这样美好的班集体？

二是班主任带领学生要认真分析本班基本的状况，找到班集体发展的起点。更重要的是，班主任要积极采取有效举措，带动、激发全班学生参与班级愿景的设计与预期。必要时，还可以邀请学生家长、任课教师一起参与。

三是班主任及时组织一次畅想班级愿景的班会课。例如，举办主题班会课“班集体未来畅想曲”。班主任在组织该主题班会课前，布置学生每人写一篇短文“我心目中的班集体”，具体描绘学生心中的美好班集体。选出优秀作品，提前安排好相关学生做重点发言。开展主题班会课时，重点发言的学生分享自己的班级愿景，其他同学补充。班主任与学生共同畅想，毕业时，我们的班级会变成什么样？进一步小组讨论：“为了建设美好班集体，我们可以怎么做？”各小组选派代表发言，其他同学补充。通过一系列活动，学生明确班级的共同愿景，班主任进一步引导学生思考如何实现班级的共同愿景。

开展主题班会课后，将班主任与学生共同畅想的班级愿景，即班集体学段目标，分板块整理出来，制作成板报或海报、展板，也可以用学生的书画作品直观地呈现班级愿景、学段目标。例如，某班所制订的初中三年的学段目标见表2－1。

---

① 陈宇．班级管理长期目标与短期目标的制订［J］．班主任之友，2020（9）：58－60.

表 2－1 某班初中三年的学段目标（班级愿景）

发展目标	基本描述
班集体文化	正确的集体价值观、优良的传统、有自己的班级品牌
成绩推进	总分处于整个年级 6 个班的前三名，有较突出的优势学科
常规管理	环境优美、守时守纪、在学校各项工作评分领先、自我管理强
人际关系	信任、和谐、友善、合作、互相欣赏
个人发展	正确的价值观、远大的志向、良好的习惯、有美德

2. 如何制订班集体学期目标呢？

班主任与学生一起确定学期目标时，应根据班集体整个学段目标，基于对当前班级现状的分析，设置“最近发展区”，确定班集体各方面的学期目标。为了更好地制订学期目标，班主任在学期开始时，应开展适应的主题班会课以及相关活动（见图 2－2）。

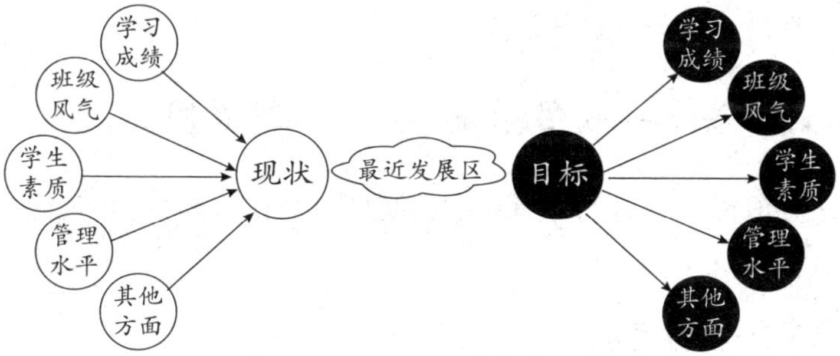

图 2－2 分析班集体现状，制订新学期目标

例如，确定初一第二学期的班集体目标时，班主任与学生一起对初一第一学期的班级状况做出分析：针对初一第一学期的目标，完成了什么？哪些方面没完成？没完成的方面是不是在第二学期继续做？是什么原因导致没有完成该方面的目标？是否需要在第二学期调整目标？在此基础上还需要做什么？由此确立第二学期目标（见表 2－2）。

表 2－2 某班初一第二学期目标

发展目标	初一第一学期已完成目标或状态	初一第二学期目标
班集体文化	教室文化布置完成，活动有开展，尚未形成鲜明的班集体文化特征	初步形成民主、合作的班集体文化氛围，打造诚信班集体文化品牌

续表

发展目标	初一第一学期已完成目标或状态	初一第二学期目标
成绩推进	15%的学生（7人）总分排在年级前100名，总平均分年级第四，距第三名的差2分	20%（9人）的学生进入年级总分前100名，总平均分进入年级前三
常规管理	管理制度已建立健全，班级秩序稳定；获得一次常规评比优胜红旗	初步实现学生自主管理；获得不少于两次常规评比优胜
主题教育	规则教育和奉献精神教育	学生职业生涯规划设计
小组发展	已完成建组，组名、口号确定，组织了几次小组活动	继续开展小组活动，发展小组特色，形成小组文化

以上思路与做法都是通用的，可以拓展到不同类型的学校及其任何的学段、任何学期的班集体目标制订。

二、制订班集体共同目标与学生个人发展目标

班主任还可根据实际情况，指导学生制订班集体共同目标与学生个人发展目标，为实现目标而奋斗。

1. 制订班集体共同目标

班主任要凝聚全班学生的共识，共同商议、制订班集体共同目标。每个学生有不同的家庭背景和成长经历，有不同的性格脾气和特长爱好，要想让他们内心真正形成集体归属感，可通过制订班集体共同目标来引起他们的共鸣，达成共识，使他们围绕着这个共同目标一起努力。班主任可借助于每学期第一节班会课，与学生一起规划、制订班集体共同目标，有了共同目标的指引，全班学生一起肩并肩、努力前行。

例如，某校三年级1班确定了该班的共同目标：（1）努力得到每周的行为示范班、卫生示范班、路队示范班等荣誉；（2）尊重老师、长辈，保持积极乐观的情绪，对同学友善，互相关心；（3）带齐作业和学习用品到校，积极参与课堂活动；（4）每天在家除完成作业外，至少用30分钟阅读课外书；（5）遵守班级、学校的各项规章制度；（6）使用文明语言，说普通话，克服说脏话的习惯；

(7) 爱护公物，不偷窃或破坏公物；(8) 每天坚持刷牙、洗脚、整理床铺，讲究卫生；(9) 每天课余进行30分钟运动。

班主任应进一步引导学生讨论怎样做才能实现班级共同目标，学生各抒己见，想出很多不错的金点子。将这些好方法或做法记录下来，进一步梳理、归类，后续认真落实。可见，目标就是动力，共同目标是指引班集体前行的灯塔。在班集体共同目标的指引下，学生逐渐融入班集体，凝聚力日益增强。

2. 制订学生个体发展目标

班主任还要基于班集体共同目标，进一步分解这个共同目标，指导每个学生制订适合自身发展的个体目标。班集体中，每个学生有不同的家庭背景和成长经历，有不同的学习基础，有不同的性格脾气和特长爱好。因此，每个学生的个体发展目标是不同的。班主任主要抓两头，重点引导优秀学生与学习困难的学生制订个体发展目标。针对优秀学生，指导他们制订高于班集体共同目标的个人发展目标。针对学习困难的学生，指导他们在学习方面制订低于班集体共同目标的个人发展目标，且要符合学生实际，简单易行，既能得到学生认可又可通过努力得以实现。

拓展阅读：

制订班集体目标应注意的方面

其一，注意目标的方向性与指导性。班集体目标犹如航标和方向塔，指引着班集体及其学生沿着正确的方向达到彼岸，实现目标。

其二，注意目标的可行性。班主任与学生确立的班集体奋斗目标必须实事求是，符合班集体及其学生的实际情况，目标定得适当，不过高也不过低，通过努力能够实现。

其三，注意目标的激励性。班集体目标是班集体及其全体师生为之奋斗的方向塔，富有成效地调动班集体及其全班师生的内生动力，为实现班集体目标采取积极主动的行动。

其四，注意目标的中心性。班集体目标是班级活动的出发点与最终归宿，班集体及其师生的一切工作都要以实现目标为中心来开展活动。

其五，注意目标的渐进性。班集体及其师生实现目标不能操之过急，要注意前后衔接、循序渐进，不断从实现短期目标到实现中期目标，最后实现长期目标，进一步提出新的发展目标，再开始新一轮目标实现活动，螺旋循环，促进班集体及其师生的不断发展。

三、班集体目标的实现路径

无论是班集体共同目标还是学生个体目标，无论是班集体学段目标还是学期目标，都不能自动实现，需要班主任科学决策、民主管理，需要学生积极主动地参与和付出努力。

班主任根据实现班集体目标的需要，充分发挥每个学生的积极性、主动性和创造精神，促使目标的达成。班主任的主要任务是了解班集体、学生及其相关情况，进行组织协调，提供相关指导和服务，帮助学生发现、分析和解决问题，支持学生及班干部工作，实现班集体目标。

在充分了解班集体目标并具体分解目标的基础上，班主任要引导每个学生明确自己在实现班集体目标中的责任是什么，自己应该做什么，应该达到什么样的要求。这样才能充分发挥班集体中每个学生的个性特长，通过每个学生的积极行动、努力学习，实现班集体目标。

班主任还可以用“目标树”或矩阵图等方式来指导学生进一步明确班集体目标的具体内容、目标达成度、具体对策、责任学生、时间等基本内容，引导每个学生知晓自己在实现班集体目标过程中应该做什么、怎么做、什么时候实现。在确定班集体目标达成度时，可略高于一般情况，以激发学生积极性和创新意识。

当学生了解班集体目标的各项要求后，班主任进一步引导学生签订《班集体目标个人责任卡》，内容包括各项班集体目标内容、对策措施、目标达成度、完成时间、成果评价、签订日期和签订人等。实现班集体目标，班主任要注意让学生自主协商与行动，这样才能充分调动学生的主动性，有助于目标的达成。

在实现班集体目标的过程中，对具体工作中的困难和问题，班主任不仅要给予及时的指导与帮助，而且要提供物质或信息的支持，做好必要的思想工作。尤其在实现班集体目标中的关键项目、重点项目、难点项目时，班主任要多花时间与精力加强指导并及时跟进，引导全体学生投入较多的时间与精力，积极参与其中。

在实现班集体目标时，班主任不能代替学生操作，更不要压制学生，而是适度指导学生、加强检查，确保相关举措一一落实，从而实现目标。班主任还要充分发挥班干部的作用，令其配合班主任进行经常性的检查，检查班级各项目标实施进度情况、措施落实情况、质量完成情况等。其基本过程为：根据班集体目标要求→检查实施效果→找出差距→采取措施→缩短差距→目标实现。班主任还可以引导学生加强自我检查，学生根据个人发展目标和《班集体目标个人责任卡》的要求，自我检查、自我纠正偏差、自主管理。

另外，班主任要加强班集体目标的评价考核，不仅有助于班主任及时掌握目标完成情况，为奖惩提供依据，而且有助于认真总结经验教训，进一步克服缺点、发扬成绩，为制订新的班集体目标提供基础。

拓展阅读：

六年级3班第二学期目标及其措施①

1. 班风

良好的班风对一个班集体来说很重要，本学期的目标是打造一个团结、阳光、积极向上、有战斗力、有书香氛围的班集体。

措施与方法：

（1）利用好每周一次的班会课或周末，看《感动中国》《励志演讲》《爱国影片》《科幻》等视频，给学生们一个从视觉到心灵的感受和震撼。

（2）每周各小组小结本周的得与失，激励互助成长。同时，给班级出金点子的小组加10分。

（3）每两周一次读书分享，定中心发言人，优秀读后感贴墙上。

（4）每两周一次“说一说你这周为别人都做了什么”“为什么这样做”“感受是什么”。

（5）衣着得体，不穿奇装异服，不染发，不留指甲，上课时不穿拖鞋。

（6）每月一次青春期教育，杜绝早恋。

2. 安全与卫生

安全卫生为正常的教育教学工作保驾护航。本学期安全目标是继续保持零事故，卫生目标是每周拿流动红旗。

措施与方法：

（1）引导学生看一些中小学生事故图片、录像、数据及危害，引导学生从内心深处高度重视安全，学会保护自己的同时，又不危害他人。

（2）学习《小学生日常行为规范》，无论是校内还是校外都要遵章守纪。平时各小组长和副组长负责本组安全监督工作。

---

① 班级目标[EB/OL]. https://www.qunzou.com/jiaoxue/7886.html.

(3) 卫生方面继续采用上学期的方法，小组负责，责任到人。

3. 学习目标

平均成绩在全校7个平行班中居前三名，优秀学生的人数为15人，占全班学生的36%。

措施与方法：

(1) 制订学生个人达标计划及奖惩细则。

(2) 小组学习，组内一对一帮扶，达标者可获奖励。

(3) 小组PK，形成比学赶超的氛围，评选优胜周奖、月奖。

(4) 充分发挥班干部作用，组织好早读和课后服务。

主题3

班集体的组织建设

组织是班集体的主要载体，是班集体的存在与发展的基本前提。班集体的组织建设是班集体建设的中心任务之一，是班集体建设，班级管理科学化、规范化的基础，也是开展班级活动的主要抓手。班集体组织建设对班集体建设、班级管理、班级活动等方面具有重要的价值。这里主要阐述班集体岗位设置，实现“人人有事做”“人人有发展”；选拔和培养班干部，助推班集体及其学生的发展。

一、班集体岗位设置

学生是处在成长期的人，需要学习和体会多种社会角色，在不同的岗位上得到多方面的锻炼，发现自己的长处与不足，从而获得更多的发展。打破班干部由少数几个学生担任的常规，尽量让每一个学生得到锻炼，获得发展。鉴于一个班的班干部岗位数量的有限性，单纯靠班干部轮换很难保证大多数学生在较短的时间内能轮到。为了解决这个问题，改变传统“层级化”的班干部岗位设置方式，转化成“多方位网络化”的岗位设置方式，即尽量增设班集体岗位，在同一时间内能有更多的学生参与班级事务工作，实现“人人有事做”“人人有发展”。这样，不仅能有效激发学生个体的积极性，锻炼自我管理能力，而且能增加班级的凝聚力，提高学生的自我教育能力。

1. 按需设置岗位，明确岗位职责

设置岗位时，班主任要做到按需设岗。这里的“需”，一是指班级事务实施与班级建设的需要，班级日常生活、学习中有许多公共事务需要学生共同承担；二是指学生发展的需要，学生作为成长中的人，有实践锻炼的需要、展示的需要、沟通的需要。因此，在实践中，班集体岗位设置可采取灵活多样的形式，只要有利于班级事务实施，只要有利于促进学生发展，就可以设置岗位。例如，拓展阅读中的蓝旗营小学五年级1班在保持原来的班干部职数的前提下，增设了20多项岗位。

所设置的班集体岗位涉及班级生活学习的方方面面，其具体名称可自定，尽量体现班级的特色和岗位职责，避免出现歧义。班集体岗位设置很多，有的班级多达30多项，但从类别上而言，一般共有4~6大类不等。例如，某小学5年级实验班在保持原来的班干部和中队小队干部等管理型岗位的基础上，增设5大类30多项的服务型事务型岗位。学习类，如各科课代表、学习组长和早读领读员等；知识类，如气象记录员、图书管理员等；活动类，如主持人等；服务类，如黑板美容师、桌椅小排长、门窗小卫士等；行为规范类，如安全岗、护眼使者、节能小哨兵等。

拓展阅读：

蓝旗营小学五年级1班岗位设置、岗位职责表①

岗位	岗位职责
班长	在班主任领导下负责班级事务的全面工作，负责监督各位班委成员的日常工作，积极完成上传下达的职责；及时召开班委会议，讨论班内的中心工作和重大问题
副班长	协助班长完成班级各项工作。在班长不在的情况下，代理行使班长职责

① 《班级岗位设置分工表5.1》[EB/OL]. https://wenku.so.com/d/cee34e0fee915cc59099b4c15a38ddaf.

续表

岗位	岗位职责
学习委员	组织好全班同学的学习，抓好课代表的工作，督促和检查课代表收发作业情况，了解作业完成情况，定期召开课代表会，尽量解决同学们在学习中的困难，及时向任课教师汇报。协助各任课教师组织好教学，组织同学参加各科学习竞赛，及时向班主任或班委会汇报工作
劳动委员	负责抓好每天的教室和包洁区的卫生大扫除，安排督促值日生做好每日的打扫工作，做到快速有效地完成任务。努力创造干净、整洁、美观的育人环境。负责记录劳动出色与不认真的同学并及时反馈给班主任
纪律委员	负责协助教师抓好日常纪律和集会纪律，贯彻执行学校行为规范中的有关规定，表扬和批评同学，负责每堂课前的纪律情况，做好每堂课的纪律情况记录
体育委员	负责组织同学积极开展体育锻炼。认真督促同学参加“两操”活动，严格要求自己做好示范。组织同学参加体育锻炼，负责开展本班体育活动，组织同学积极参加校内各种体育活动，争取优异的成绩。配合体育教师组织好体育课的教学纪律
文艺委员	组织同学开展本班的文娱活动，活跃班级的课外活动，负责举办有特色、有意义的文娱性主题班会（如联欢会、朗诵会等）
宣传委员	负责黑板报和宣传栏的工作，布置好教室；负责班上的舆论导向，加强对同学的思想教育，策划召开思想教育主题班会；及时宣传本班级开展的各项活动及好人好事，并及时向学校广播站报送
安全委员	负责安全教育、宣传、课间安全及文明行为习惯情况的检查
小组长	督促全组同学遵守学校各项规章制度。督促全组同学认真学习，按时收齐或检查本组学生作业簿。并将当天缺交或缺做作业情况向课代表汇报。完成老师、班长布置的其他任务。
课代表	明确本科作业的种类。将老师当天布置的作业及时传达给同学。每位课代表应该作为同学们的榜样，首先自己要及时完成、上交各科作业，杜绝抄袭作业的现象发生
班级口令员	上下课口令、班级誓言等口令领起

续表

岗位	岗位职责
好人好事登记员	记录班级好人好事，并及时上报学校德育处表彰
矛盾调解员	处理好同学们之间发生的纠纷，依据班规公开、公正解决
红领巾检查员	检查记录红领巾佩戴情况，提醒同学戴好红领巾
桌凳摆放监督员	桌椅摆放整齐，监督离位时凳子放到桌下
课间行为纠察员	检查、纠正同学们课间的不文明言行
零食玩具督察员	检查记录同学买、带零食、玩具情况
小小路队长	维持路队纪律，检查、记录中途下队情况
板报管理员	班级板报的办理、维护板报的整洁
课前提醒小螺号	课前提醒同学们做好每节课的课前准备
着装督察员	同学着装卫生和校服状况
卫生督察员	每天课间督察卫生状况
空气清洁员	根据天气情况定时开窗通风，保持教室内空气清新
黑板美容师	黑板清洁、美化
讲桌管理员	整理讲桌，保管粉笔、板擦
班班通管理员	班班通保洁，监督使用、维护
图书管理员	图书整理、借阅、归还记录
文明岗小管家	负责文明岗值班工作
餐厅小管家	检查班级同学每天中餐及违纪情况
小小金话筒	负责10分钟班队会的主持
早自习领读员	每天早晨带领同学认真早读，并管理好晨读秩序

2. 岗位动态调整，逐步完善

设置的岗位并不是一成不变、一步到位的。班主任应根据班级发展的需要进行合并、取消或增加等动态调整，逐步完善。岗位设置最初可由班主任提出，逐步向班主任与学生共同商定、学生自主确立过渡。例如，学生从低年级进入中年级，随着学生校园生活学习的逐步丰富，随着学生自主活动能力、自我管理能力的增强，班集体的岗位设置数量不断增加。增设的新岗位大多是学习类、知识类和活动类岗位，如黑板报达人、晨读领读员、图书管理者、文学社活动召集人、美文推荐员、主持金话筒等。增设的岗位不仅满足了学生新的成长需求，而且为一部分学生提供了新的具有挑战性的岗位选择。

班主任还可以根据班级发展与学生发展的需要，删减与合并相关岗位。例如，当班集体大部分学生已经养成了个人卫生习惯，“卫生小喇叭”这个岗位就没有继续设置的必要了。又如，黑板美容师、讲桌管理员两个岗位，随着学生能力的提高，可合并成一个岗位。

3. 尊重差异，分类指导

班主任不能简单地将岗位分配给学生以后，做“甩手掌柜”，不闻不问。学生新接手某个岗位工作后，因为自身能力、个性和岗位间的差异等呈现出不同状态，有的做得很好，有的做得不好，被其他同学抱怨。此时班主任应及时给予帮助、引领和纠偏。

班主任在学生上岗之前或竞岗之前，应强调各个岗位的志愿服务性质，岗位不是特权，而是为学生提供服务的一种方式、为班级发展做贡献的一种途径，也是促进自我发展的一种举措。班主任针对各岗位及职责，在尊重学生发展差异的同时进行有针对性的分类指导、培训学生。尤其针对自我管理能力偏弱、性格内向的学生，教会他们工作方式，履行岗位职责时的重点难点，以及应注意的方面。还可以让曾经从事过该岗位的学生介绍经验，或新旧岗位履职者相互交流，互通有无，提高学生的岗位服务能力。经过培训与指导，提高学生服务的意识与能力。

拓展阅读：

小学班主任班集体岗位建设的探索①

江苏省常州新北区汤庄桥小学吴晶老师总结了她多年当班主任以来的班集体岗位建设经验，供我们班主任参考与借鉴。

1. 给小岗位归类

在小学一、二年级岗位设置与建设的基础上，班集体共有几十个小岗位，零零散散的，不利于班级管理。经班主任和学生的集体讨论，发现有些岗位与岗位之间有共性。例如，地面美容师、窗台美容师、黑板美容师、课桌督导员等岗位

① 吴晶. “小鬼当家”：班级岗位建设例谈［J］. 辅导员，2013（3）：41.

都与班级卫生有关，可以归类为“卫生部”，推选其中一个学生负总责，称为“卫生部部长”。每天用餐时，学生共分为4组，每组有2个小桌长，共8个小桌长，由这8人组成一个“用餐部”，推选其中的一个学生为“用餐部部长”。语文课代表、数学课代表、英语课代表、小小领读员、小组长等与学习有关的岗位归类到“学习部”，推选其中一个学生为“学习部部长”。班集体里的岗位大致分为五大类，即“卫生部”“用餐部”“学习部”“礼仪部”“宣传部”。五大块各有一个总负责人，每天班主任主要听取5个总负责人汇报的情况，给班级建设与管理带来了极大的便利。

2. 因人而异，能者多劳

学生具有个体差异性。针对那些能力强、素养高的学生，班主任可以让他多承担几个岗位或做总负责人；对于那些能力相对较弱的学生，为了给他们锻炼、成长的机会，可以2~3个人共同承担一个岗位，以便他们互相帮助、共同提高。例如，“板报美化组”，选择一个能力强的学生做主要策划者与负责人，其他学生辅助配合他共同完成板报工作。班主任根据学生的实际情况，最大限度地发掘学生的能力，促使他们在岗位履职中获得更多的成长。

3. 善用学生之“短”

很多班主任在班级岗位设置与建设时，首先想到的是用学生之“长”。有时“反其道而行之”，用学生之“短”，会收到意想不到的效果。班上调皮的男生很多，有的男生课间追逐打闹，不讲文明，既不利于课间安全，也影响班级风貌。于是，班主任就每天选择2个学生担任“课间小警察”，一位是班级里比较有责任心的学生，另一位是平时比较调皮的学生。这些调皮的学生在参与课间纪律管理中会约束自己的行为。后来，班主任把这经验推广。让不认真早读的学生负责领读，让作业拖拉、不认真的学生当组长每天负责检查其他学生的作业，让不爱劳动的学生做值日组长……这样，这些特殊的学生不仅改掉了自身的缺点，还在他们履行岗位职责中认识到自身的价值，促进了自己的发展。

二、选拔和培养班干部

班干部是班集体的核心，是班主任的得力助手，是联系学校、教师和学生的纽带。在班集体建设中，他们既是受教育的对象，又是自我教育、自我管理、自我服务的主体。俗话说：“火车跑得快，全靠车头带。”班干部的选拔和培养在班级建设中具有重要的意义。班主任选拔、培养班干部，提高班干部素质是班集体组织建设的重中之重。如前所述，班干部属于班集体岗位设置中的管理类岗位。由于班干部岗位与其他服务性、事务性岗位不同，且班干部在班集体组织建设中的重要性不言而喻，这里专门就如何选拔与培养班干部进行阐述。

1. 班干部的选拔

班干部是班主任的助手，在班集体中起着举足轻重的作用。班干部岗位是有限的，一般包括班长、副班长、学习委员、卫生委员、体育委员、劳动委员、中队长、小队长、团委书记等，只有少数学生才能获得资格、担任岗位。因此，在班集体中，班主任如何把合适的学生选拔出来当班干部十分重要。在选拔班干部时，班主任要注意采用合适的选拔方式。班干部的选拔方式主要有以下 4 种。

其一，任命制。简言之，就是班主任从便于班级建设与管理的角度出发，根据自己对学生的了解和各任课教师的推荐，直接指定几名有能力协助班主任做好管理工作的学生担任班干部。这种方式充分体现了班主任的权威，一般适用于新建班选拔临时班干部。

尽管任命制对尽快组建班集体能发挥积极的作用，但也存在一些缺点。班干部是由班主任直接决定任命的，没有显示学生民主，也没有体现学生在班集体中的主人翁地位，容易打击其他学生的参与热情。尤其是班主任一意孤行、选拔的班干部不理想时，易导致干群关系紧张，班级凝聚力差，班风越来越差。

其二，选举制。是与任命制相对而言的一种班干部选拔制度。一般而言，班主任在黑板上列出需要选拔的班干部岗位、岗位职责、岗位要求；全班学生纷纷发表自己的意见，投票选举他们心目中理想的班干部人选；得票数最多的学生当选为某岗位的班干部。

这种班干部选拔方式充分体现了学生的主人翁地位，有利于学生意志的表达，有利于培养学生的民主意识。班干部是通过民主选举产生的，得到大多数学生的信赖和支持，有利于班级活动的开展。当然，这种选拔方式选拔出来的班干部几乎都是班上成绩好、声望高的学生。而这些学生不一定具有班级管理能力，也不一定很想当班干部，可能把一些很想当班干部、成绩中等的学生排除在班干部选举之外。

其三，竞选制。这个班干部选拔方式有个严密的流程。首先，班主任提前一周或三五天公布班干部竞选的岗位及其职责、基本要求。其次，学生根据自身条件，对照班干部岗位及其职责要求，确定竞选班干部岗位，拟定竞选演讲稿，内容大致包括简单介绍自己、对竞选岗位的认识、自己胜任该岗位的理由、如何履职该岗位等方面。原则上每一位学生都可以参与竞选。再次，班主任召开班级大会，参与竞选的学生一一登台亮相演讲。最后，全班同学对竞选学生能否胜任该岗位进行票选，得票数最高的学生获胜，成为该岗位的班干部。

通过竞选上岗，当选的班干部非常珍惜此次锻炼机会，具有强烈的责任感和自信心，有利于后续开展工作。其他学生也因班干部是自己投票选出的，大多数学生会支持与配合班干部工作，有利于增强班级凝聚力。值得注意的是，班主任在投票前要提醒学生，投票不仅是自己的权利，更是要对自己负责、对班级负责，不能有小圈子意识。

其四，轮换制。就是由全班学生轮流担任班干部。该方式不看学生的成绩和能力等条件，让每个学生都有机会担任班干部，体现了人人平等的原则，可有效地激发学生的积极性。然而，轮换制的弊端很明显，每个人都能无条件地做班干部，很难树立班干部的权威，难以培养起学生对班集体的责任感，降低班级管理效率。

班主任为了避免学生对新任岗位不熟悉，或能力较弱而造成班级管理的混乱，尤其对具有一定“技术含量”的重要岗位，如班长、学习委员等岗位，可通过以老带新的方式来加快对新任岗位学生的培养。班主任还可通过连任或升级班级岗位特别出色的学生，如学习委员工作很出色，不轮换，可连任或升级为班长。

2. 班干部的培养和使用

班干部的才干不是天生就有的，是在班主任的培养与使用下，在学校、班集体的熔炉中锻炼下，逐渐发展起来的。

（1）班干部的培养

班干部选举确定后，有的学生对当班干部认识不足，有的没有相关经验，有的没有工作思路与方法，有的甚至管理理念是错位的。为了提高班干部的素质和能力，班主任要给他们的发展提供帮助、指导与平台。

一是班主任对班干部进行相关内容的培训，如班干部应具备的基本素质与能力、班干部岗位的基本职责与基本要求、班干部基本工作方法、处理班级工作和学习之间的关系、服务意识等等。

二是班主任定期召开班干部工作例会，每个班干部都要有小结，班干部之间要相互研讨，班主任点评他们的阶段工作，帮助他们分析工作中存在的问题及其原因，引导他们优化或解决问题，帮助每个班干部发展与成长。

（2）班干部的使用

班主任如何使用好班干部呢？一是尊重信任。班主任使用班干部必须以信任和尊重为基础，维护他们在全班学生中的威信，即使犯了错误，也要满腔热情地帮助他们认识错误、改正错误；尊重他们的人格，切忌在大庭广众下呵斥他们。

二是严格要求。班主任要严格要求班干部，有了成绩及时表扬，犯了错误应该严肃批评，与其他同学一视同仁，而不能因为他们是班干部、是班主任得力助手就去庇护他们。这是帮助班干部树立威信的方法之一。如果学生发现班主任偏爱、庇护班干部，则会大大降低班主任和班干部的威信。

三是抓好“第一次”。班主任在使用班干部中，做好帮助与引导，关键一环就是抓好“第一次”。例如，抓好班干部参与组织或主持的第一次班会、第一次文娱晚会、第一次劳动、第一次郊游、第一次研学等。班主任要言传身教，提前与班干部做好充分准备与预案，对一些重点或难点环节要多提醒、多指导。“第一次”的成功，对于班干部的成长至关重要。有了“第一次”的成功后，班主任进一步积极创造条件，放手让班干部去做，在实际工作中去锻炼，培养他们独立开展工作的能力，努力完善自我。

四是树立榜样。班主任重视在班干部中培养和树立典型，在学生中起带头作用。这对于提高班干部素质起到良好的促进作用。班主任要善于发现好的班干部典型或榜样，多次在班上或学校中表扬，号召全体班干部和学生向他学习。良好的班干部形象就是无形的榜样，能潜移默化地影响其他班干部和学生。

拓展阅读：

班主任培养班干部的案例分析①

这是广东省珠海市斗门区城东中学班主任林健华老师培养班干部的一个案例，供我们班主任参考与启迪。

我班在选班长的时候，采用了民主推荐、投票选举的方法，最终选择王某担任班长。王某成绩优秀，教师、学生与家长对他的评价很好，学生对他当班长抱有很大的期待。然而，一段时间后，有不少学生反映，“班长只顾自己学习，不关心整个班级”。

① 林健华．班干部培养：初中班主任的重要使命［J］．中小学班主任，2023（11）：87－88,91.

客观地讲，如果班长只顶着“班长”这样一个头衔，只关注自身的学习，而忽视整个班级，那这样的班长确实起不到好的作用。面对这种情形，也不能简单粗暴地将他的职位一撤了之，而应当立足于培养与使用相结合的思路，引导班长与学生之间形成更加积极的互动，将班长的示范作用真正发挥出来。因此，我做了这样一些努力与尝试。

我跟班长进行了一次促膝长谈。在谈话中了解到，王某在当选班长之后，一开始也是满怀期待，想为班集体更好地发展付出努力的。然而，他多次发现，班上很多学生都“不太听话”，班长提出的要求，很多学生都不当回事儿。遇到这种情形多了，他就慢慢灰心了，失去了努力的动力与兴趣。

随后，我将了解到的内容进行了加工整理，成为我在班会课上的一次案例：在班会课上，我跟同学们讲了一则故事（这个故事是根据与班长的交流而改编的）后，组织同学讨论：“碰到这样的问题，怎么办?”“我们的班级如何成长?”

很多学生带着这个问题开始反思自身。班长王某带头发言：“我就是那个曾经想给同学们提供帮助的所谓好同学，但是在我遇到困难之后，就畏缩了。现在想想，作为班长，我做出这样的选择是不对的。在学习的过程中曾经遇到过很多难题，我都能努力攻克；作为班长，却因为出现了一些同学不配合的情况，我就打算放弃，这是不对的。我想我应当在以下 3 个方面改正……”

王某的发言赢得了一阵热烈的掌声。在其后的时间里，班长与班集体中几乎每个学生都在努力尝试做出改变，班级的面貌焕然一新。在这个案例中，正是班长的成长带动了整个班级的发展。而班长的成长，又得益于班主任的悉心培养与使用。

主题 4

班集体的文化建设

文化建设是班集体建设的重要范畴，对班集体及其学生的发展发挥积极的教育、凝聚、规约、激励等功能。班集体文化是全班学生在班主任指导下，创造的所有物质财富和精神财富的总和，包括物质、制度、精神 3 个层面的文化。班集体文化建设主要包括物质文化、制度文化、精神文化等三大方面的建设。

一、班集体的物质文化建设

学校及其操场、图书室、实验室、教室等是学生在校学习与生活的主要场所。班集体物质文化建设主要集中在校园、教室。对班集体文化建设而言，班主任主要建设教室的物质文化，包括在教室四周墙壁上张贴名人名言、黑板上方悬挂国旗及班训、定期出黑板报等一系列教室内环境布置与设计等。显然，在窗明几净、桌椅整洁、学风浓厚的教室环境中，学生会不由自主地端正学习态度，认真学习，和谐相处，互相帮助。可见，文明、健康、和谐的教室环境会使学生在浓厚的物质文化氛围中受到潜移默化的影响，从而陶冶情操，养成良好习惯。

在班集体物质文化建设中，班主任要充分发挥学生的主体作用，让每个学生都积极投入班集体文化建设中。班主任应带领全班同学用自己的智慧和双手来布置教室，引导他们在班集体文化建设中得到锻炼和提高。例如，班主任充分发挥学生在班集体物质文化建设中的作用，带领学生设计教室黑板报的内容与插图，布置教室里的图书角、墙壁上的壁画与标语、窗台上的绿植、讲台上的警句与名言，等等；带领学生搞好教室卫生，桌椅整洁，空气清新。

二、班集体的制度文化建设

“没有规矩，不成方圆。”班集体制度文化是全班全体师生共同认可、制定并自觉遵循的行为准则与规章制度，如一日常规、课堂常规以及各种奖惩制度等。班集体规章制度的好坏，是否科学、合理与有效，是制度文化建设水平高低的重要标志。班集体制度建设主要包括两大方面：建立健全班集体规章制度、塑造良好的班集体制度文化。

1. 建立健全班集体各项规章制度

班主任带领全体学生制定班级规章制度时，必须以党和国家的教育法规、政策为依据，必须以学校相关的制度为依据，必须以教育教学活动和班级管理活动的客观规律为依据。另外，制度一旦制定、得到学生认可后，就不能随意朝令夕改，应保持相对的稳定性与严肃性，并伴以一定的强制性。班集体规章制度包括 3 个层次的制度：政府及各级教育行政部门制定的各种政策法规中与班集体有关的制度；学校制定的各种规章中与班集体有关的制度；班集体结合本班实际情况而制定的各种具体的规章制度。

值得注意的是，随着班集体的发展、学生的发展以及其他客观情况的变化，部分规章制度会出现一些不适应现状的现象，班主任应及时和学生一起修改、完善，可增加一些新的内容，也可剔除一些过时的不宜的条款，确保规章制度永远充满活力、与时俱进，有效发挥规章制度的引领、规范、激励等作用。

2. 抓好制度实施，塑造良好的班集体制度文化

班集体各项规章制度是班级制度文化的重要组成部分，但仅有这些制度文本，并不能自然而然地形成班集体制度文化。只有当班集体制度这种“外在文化”转变为全班学生的“内在文化”，并从行动上体现出来时，真正意义的制度文化目标才能达成。因此，班主任抓好制度实施，塑造良好的班集体制度文化十分重要。班主任在抓制度实施的过程中，一是要加强宣传实施班集体制度的意义与重要性，引导学生正确理解各项规章制度的内容，了解遵守规章制度的作用，使制度得到学生的认可，从而使强制性的制度要求变为学生的自觉主动的行为；二是要注意积极创设实施规章制度的条件，并提供相应的指导，促使规章制度更快、更好地付诸实施，引领学生行为，促进学生发展。

拓展阅读：

班集体制度文化建设的 4 个关键点①

1. 目的是什么？

这是制度文化建设的出发点，是制度实施的关键。建设制度文化之前，班主任一定要分析为什么要建设制度文化。一般而言，主要有 3 个目的：培养人的品质、进行班级建设和培养班干部能力。培养人的品质是制度文化建设的核心点，有效预防制度重形式轻内容的弊端。进行班级建设是制度文化建设的落脚点，能照章办事、就事论事。培养班干部能力是制度文化建设的发展点，在制度实施的过程中引导班干部提升自我能力。可见，目的决定着班集体制度文化建设的方向。

2. 主体认同吗？

主体认同即学生认同，是班集体制度文化建设的关键。制度得到学生主体的

---

① 方海东. 制度建设：从规范走向个性的班级［J］. 新班主任，2020（05）：51－53.

认同后，才能更好地发挥作用。主体认同是指制度建立的参与认同、实施的认同和反思的关注。制度建立的参与是制度文化建立过程中每个学生都要参与；实施的认同是指在实施过程中获得学生的认同；反思的关注是指学生在实践中对制度存在的问题进行反思，并提出自己的改进建议。学生主体认同是制度有效实施的基础。

3. 简单吗？

班集体制度文化建设的核心就是为了实现目标。好制度一定是简约的，能够直接发挥规范行为的作用。简单包括3个方面：一是理解简单，就是学生一看就懂；二是操作简单，就是步骤不多，学生根据制度可以直接用来指导实际操作；三是评价简单，就是评价方式明了。

4. 评价跟得上吗？

评价是推动班集体制度文化建设和学生成长的动力，也是制度的有效组成部分。评价是否能够跟上制度，是制度可持续发展的关键，主要是从学生和内容两个角度加以评价。从学生的角度，要看是否针对学生行为进行评价，是否有助于调整优化学生行为；从内容的角度，要看是否能够合理评价工作，是否能够评出工作中的不合理的地方。评价决定了班集体制度文化发展的动力。

三、班集体的精神文化建设

班集体精神文化，是班集体文化的核心与灵魂，也是班集体文化中深层的、隐性的文化，主要体现在实践过程中被大多数师生认可的共同的文化观念、价值观念、生活信念等意识形态，是班集体的本质、个性和精神面貌的集中反映，并具体表现在班集体人际关系、舆论、班风学风等方面。班主任建设班集体精神文化，重点从构建良好的班集体人际关系、引领健康的班集体舆论、培育优良的班集体学风班风等方面进行。

1. 构建良好的班集体人际关系

班集体人际关系一般是指班主任与学生之间、任课教师与学生之间、学生与学生之间、班主任与任课教师之间、班主任与家长之间等在相互交往过程中所形成的较稳定而又持久的社会关系和心理关系。良好的班集体人际关系有助于促进班主任与学生之间、任课教师与学生之间、学生与学生之间、班主任与任课教师之间、班主任与家长之间的密切交流和合作，避免和排除不必要的矛盾和冲突，更好地发挥班集体整体效应，取得良好的教育教学效果。

班主任如何构建良好的班集体人际关系呢？考虑到这些人际关系中，班主任最关注的是与学生之间的关系。这里，以与学生之间的人际关系为例来说明。一是班主任要树立正确的学生观、教育观，充分尊重和保护学生的正当权益，尊重他们的意愿和情感，建立民主、平等的师生关系和家校关系；二是班主任加强思想教育，培养学生的交往技能，努力克服学生间的不良人际关系，引导学生形成良好的、正确的人际关系。

2. 引领健康的班集体舆论

班集体舆论，简言之，就是在班集体中占优势的、为多数学生赞同的言论和意见，是全班师生思想观念、态度的集中体现，体现着班集体精神文化的重要方面。班集体的成长、学生的成长离不开健康的、积极向上的班集体舆论。

班主任如何引领健康的班集体舆论呢？其一，班主任要培养学生正确的认识基础，提高在观念上的认识。俗话说“言为心声”，意味着如果学生没有正确的认识，就不可能有正确的舆论。其二，班主任要善于启发引导学生，正确把握班集体舆论。班主任是班集体活动的组织者、领导者、协助者，针对学生们感兴趣的班集体发生的事情，或学校及周边发生的大事、突发事件，或国家时事，有目的有计划地组织学生评论，并及时加以启发和引导，确保班集体舆论朝着积极、健康的方向发展。通过师生的集体性评价，有助于唤起班集体的反思意识，发挥班集体自我教育的潜力，形成班集体积极的舆论和价值共识。其三，班主任要充分发挥黑板报、班务日志、班会课和团队活动等载体在正确、健康的舆论引导方面的重要作用。

拓展阅读：

怎样建设良好的班集体舆论①

四川省广安市广安区恒升镇小学校刘圣海老师，结合自己多年的班主任工作经验，就如何建设良好的班集体舆论进行了富有特色的探索，供我们班主任参考。

---

① 刘圣海. 小学班主任如何做好班级管理中的舆论建设［C］. 中国教育教学丛书编委会. 中华教育理论与实践科研论文成果选编（第1卷）［A］. 北京：学苑出版社，2009：153－154.

1. 加强道德行为规范和集体主义思想教育

培养正确的舆论，最根本在于树立学生正确的是非观。班主任结合国家的法律法规、学校的规章制度、《小学生日常行为规范》和道德品质教育进行舆论引导。培养学生用正确的世界观和人生观及学校的各项规章制度来提高自身的认识水平和道德评价能力，并指导自己的言行。同时，结合发生在学生身边的事，帮助学生分析其中的是非善恶、荣辱美丑。他们面对各种复杂的舆论时，能坚持真理，明辨是非。

同时，学生生活在班集体中，集体的凝聚力和向心力是培养学生良好品德和发挥班级舆论作用的重要保证。班主任要让集体主义观点深入学生的心灵，明确班荣我荣、班耻我耻，自己的一言一行都会影响班级的形象。以集体主义思想为基础，有助于遏制学生的不良行为和言论，形成积极向上的班集体舆论。

2. 多树立正确的榜样

“榜样的力量是无穷的”，建设班集体舆论要重视榜样的示范作用。班主任及时发现好的典型，树立榜样、鼓励先进、弘扬正气，激励学生积极向上、团结奋进。班主任善于捕捉每一位学生身上的闪光点，及时、客观地表扬好人好事，及时批评错误思想及不文明行为，抵制歪风邪气，从而形成人人求进步、人人争做好人好事、人人为集体的好风气和良好的舆论导向。这样，在班集体中，学生学有榜样、比有目标，不良的言行没有立足之地，整个班集体的舆论氛围将越来越好。

3. 多针对不良现象开展评论、辩论，提高学生明辨是非的能力

上期，学校举行的“六一”学生乒乓球比赛中，班主任发现了一种现象：当自己班得分时学生们拍手叫好，非常高兴，而外班得分或失误时，就发出刺耳的“嘘声”。事后，班主任马上利用班队活动，针对这个问题，引导全班学生分析、讨论、思考。经过研讨、辩论，学生们分辨了是非，提高了认识。从此，再没有发生过类似的情况。

另外，班主任还可以利用墙报、黑板报、专栏等集体舆论阵地来指导班集体舆论，引导学生开展批评与自我批评，养成自我评价、自我监督的好习惯，推动班集体正确舆论的形成和发展。

3. 培育优良的班集体学风班风

学风班风是一个班集体独有的作风和风气，是大多数师生的思想认识、情感意志和精神状态的综合反映，是班集体文化建设的核心所在。优良的学风班风就像一个熔炉或一个磁场一样，对全班学生起熏陶、感染和潜移默化的作用，给全班学生产生无形而巨大的教育影响与力量。

班主任如何培养良好的班集体学风班风呢？一方面，班主任要持之以恒地培养班集体学风班风。任何优良学风班风的形成都不是一朝一夕、一蹴而就的事情，有时还会出现曲折与反复，需要班主任耐下心来进行长时间的培育。另一方面，班主任要善于抓住时机，善于选择突破口来培养班集体优良的学风班风。一些重要的节日、纪念日等；当班级某项活动失败，受到挫折时；班集体或学生取得一定的成绩时，都是培育优良班风的好时机。例如，某班学生在跳绳方面整体比其他平行班差，但经过全班学生在课余时间充分地训练与锻炼后，在比赛时，学生们爆发力很强，竟然获得了第一名。利用这个契机，班主任开展学风班风教育，取得了事半功倍的成效。

拓展阅读：

班主任在建设班集体文化时应回避的五大误区①

误区1：认为班集体文化建设就是环境建设

班集体文化建设是班集体环境建设、制度建设、精神建设等的总和。环境建设仅仅是班集体文化建设的一部分，是班集体文化建设的外在特征，就如同一个人的文化素养与他的衣着打扮一样不能等同。在具体操作上，部分班主任还停留在对班级环境的布置与维持上。例如，在教室内贴上条幅、字画和醒目的标语口号，为教室特意设置鲜花盆景。这些环境布置使班级变得典雅与舒心，起到了陶冶学生情操的作用。但班主任一定要明白，环境建设是班集体文化建设的表层，仅是班集体文化建设的一个组成部分，不能替代整个班集体文化建设。

误区2：在当前注重升学的背景下，认为班集体文化建设是多余的

当前，一个学校的声誉如何，一个班主任、教师的水平如何，社会与家长的

① 优秀班主任工作案例解读六：班级文化建设[EB/OL]. http://jystbzx.lofter.com/post/403f66_c133d88.

主要衡量标准就是学生的成绩如何、升学情况如何。在这样的背景下，部分班主任存在急功近利的心理，认为没有必要搞班集体文化建设，只要把学生的成绩搞上去就可以。其实，班集体文化，无论是好的教室环境，还是相关制度，抑或是良好的人际关系、健康的舆论、良好的学风班风，本身就是一种强大的教育，会对学生产生积极的潜移默化的影响，能有效促进包括学生学业成绩在内的全面发展。

误区 3：班主任及任课教师参与班集体文化建设不足

班主任参与班集体文化建设不足。作为班主任，不能只制订一些方案和措施就行了。班主任是班集体文化建设的指导者与领导者，应主动参与到文化建设中去，身体力行。另外，文化建设不仅仅是班主任的责任，也是每一位任课教师必须承担的相应责任。然而，在现实中，任课教师的参与缺乏积极性，往往是班主任一人孤身作战，难以得到其他任课教师的配合和协作。因此，班主任不仅自己要加强指导文化建设，还要主动与任课教师沟通协作，一起参与到班集体文化建设中去。

误区 4：班集体文化建设缺乏内涵，只注重形式

虽然每一个学期，学校都要进行班集体文化的评比。然而，学校进行评比的内容只是班级里的板报和教室的布置，认为教室的设计和氛围好，这个班级就有好的班集体文化。不可否认，教室里的布置和氛围也是班集体文化的一种，但这只是一种表象，更为深层的班集体文化的内在本质体现在精神层面上。事实上，这样的评比产生了一个错误的导向，部分班主任不得不把主要的精力放在班级环境的布置上，而把精神文化层面的建设放到次要的位置上，本末倒置。

误区 5：班集体文化建设急功近利，急于求成

部分班主任想“立竿见影”创建优秀的班集体文化，这是错误的。班集体文化建设是一项系统工程。俗话说“十年树木，百年树人”。没有一段较长时间的积累，难以形成独特的班集体文化。班主任不能急于求成，否则，只会揠苗助长。因此，班主任应树立正确的观念，采用正确的方法和手段，需要用耐心和恒心来建设班集体文化。

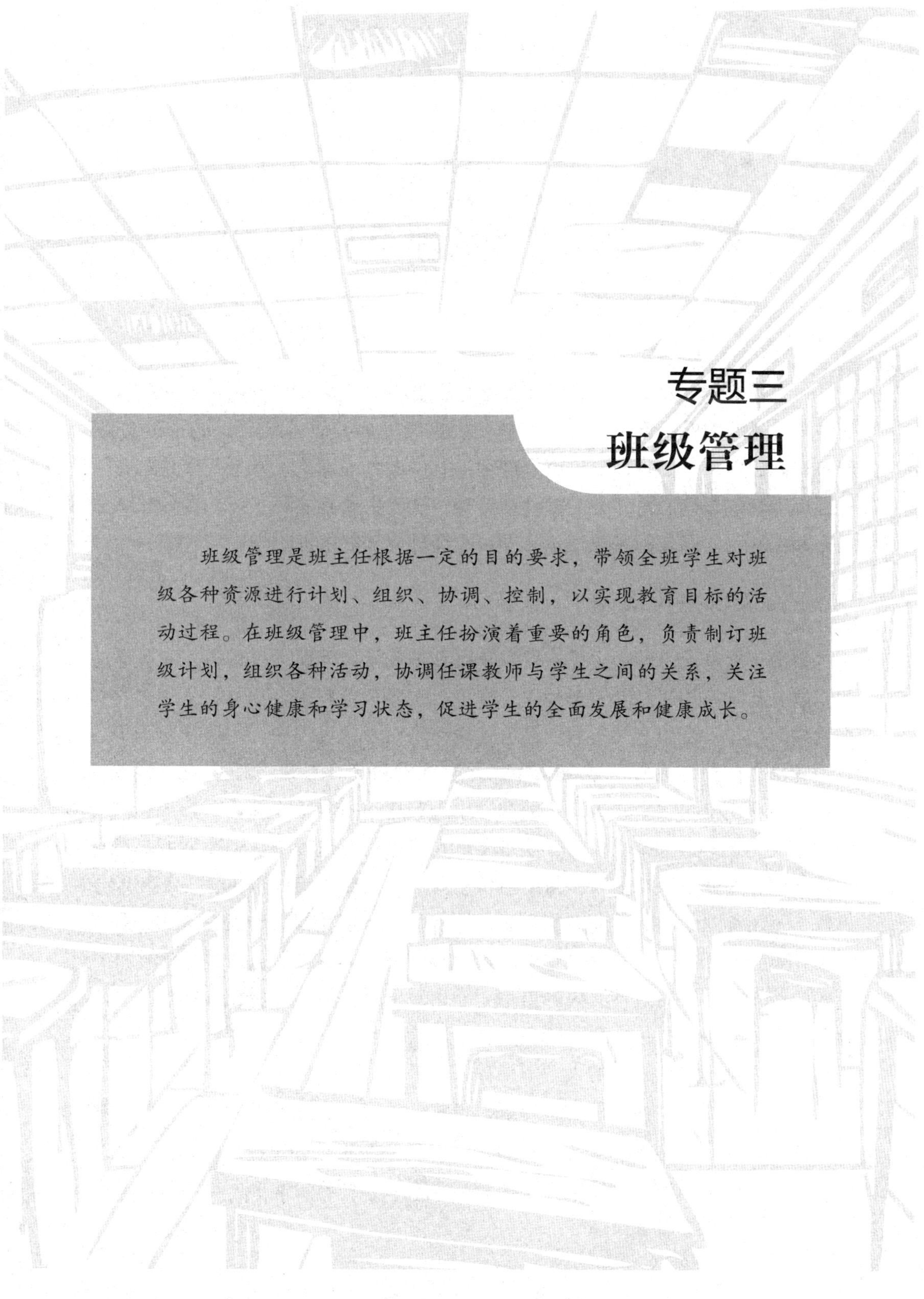

专题三

班级管理

班级管理是班主任根据一定的目的要求，带领全班学生对班级各种资源进行计划、组织、协调、控制，以实现教育目标的活动过程。在班级管理中，班主任扮演着重要的角色，负责制订班级计划，组织各种活动，协调任课教师与学生之间的关系，关注学生的身心健康和学习状态，促进学生的全面发展和健康成长。

主题 1

班级管理的理论基础

班主任如何有效地开展班级管理工作，促进学生成长与发展，是每一位班主任需要思考的问题。毋庸置疑，有效开展班级管理工作，需要一定的理论基础。班级管理的理论有很多，如约束管理理论、协调管理理论、社会化管理理论、积极心理学管理理论、情感智能管理理论等。这里主要阐述班主任常用的班级管理三大理论基础，即教师主导理论、学生主体理论和群体动力理论。

一、教师主导理论

教师主导理论，即班主任在促进班级管理和学生发展的过程中，承担着主要的职责，起主导作用。基于教师主导理论，在班级管理中，班主任运用多种权力来影响学生。一是法定性权力，是班主任在班级管理过程中，由法律法规规定的班主任自身应拥有的权威或权力。二是奖惩性权力，是班主任在班级管理过程中，对表现突出的学生、表现欠缺的学生进行适当的奖励或惩罚，形成奖罚分明的班级氛围。三是专家性权力，是班主任在班级管理过程中，学生能明显感受到班主任具有专业知识与能力，从而对班主任产生钦佩之情。班主任需要不断参加进修、不断加强学习、不断充实自我，才能保证专家性权力的发挥。四是强制性权力，是班主任在班级管理过程中，学生感到的，如果不服从班主任就可能产生消极的后果，出于对这种后果的惧怕，学生对强制性权力做出相应的反应。五是参照性权力，是班主任在班级管理过程中，让学生感受到对班主任的崇拜以及希望自己成为像班主任那样的人。

显然，在教师主导理论的指导下，班主任是班级管理的领导者。班主任的领导方式、个人特质以及班主任主导的程度大小，都会对班级管理及其气氛产生影响，从而形成专制型、放任型和民主型等不同的管理风格。不同的管理风格会对学生的行为以及班级氛围造成直接的影响，进而影响班主任对班级的管理。

其一，专制型管理风格。在班级管理中，班主任将自己的想法强加给学生，班级的一切事务以班主任的意志为主，不考虑学生自身的发展需要。其二，放任型管理风格。在班级管理中，班主任对班级的任何事务都采取不理睬、较为冷漠的态度，任何活动由班级成员自行决定。这种管理方法将会导致整个班级处于松散的状态，学生在生活中也不知道做些什么，学生与班主任之间缺乏信任，学生之间缺乏合作意识和行动。其三，民主型管理风格。在班级管理中，班主任既不放任也不专制，而是借助建立班级规章制度有条不紊地进行管理。决策大多是由班主任和学生共同协商决定的。在这种情况下，班主任与学生之间情感融洽，学生能力得到锻炼，学生主人翁意识逐渐增加。这三种班主任管理风格中，民主型管理风格更有利于学生个性的发展、班级良好氛围的形成以及班级管理的有序开展。

拓展阅读：

做一个民主型班主任①

一位教师担任班主任几年下来，在不断地反思、总结中，认为班级管理采用民主型管理比专制型管理、放任型管理更好。如何做一个民主型班主任呢？

1. 制定规矩，以理治班

民主型管理并不是放任自流，更不是不要规则。相反，要制定详细的班规，包括班级管理条例、量化细分、奖惩条例、班费开支、组织活动等，使班级管理有法可依。学生是班级的主人，班规的制定与实施，遵循“从学生中来，到学生中去”的原则。“从学生中来”，就是在班主任的组织下，让学生集体讨论，统一意见后制定并贯彻落实。“到学生中去”，就是让学生不断对照自己所定的条例来检测自己，通过量化打分来鞭策自己，从而不断进步。

2. 制定目标，共同努力

班主任的民主型管理需要通过制定班级发展目标作为未来发展方向，引领学生共同努力。班级目标可以是短期的、具体的，如某一次期中考试在本年级平行

---

① 如何做一个民主型的班主任[EB/OL]. https://www.wenmi.com/article/prf5af03kzhq.html.

班拿到第几名；也可以是长远的、抽象的，如把班级建设成一个积极、乐观、和谐的班集体。

3.彰显人格魅力，以德服人

班主任在班级管理中扮演着多重角色，如师长、朋友、家人……而这多重角色的转换，没有导演，没有剧本，只能靠班主任临场发挥。但学生是一个特殊的群体，是一群心智正在发展的群体，需要班主任彰显人格魅力、以德服人，才能有效实行民主型管理。班主任的人格魅力来源主要有方面：一是班主任的权威。在班级管理中，班主任对学生的心理和行动产生的一种崇高的影响力。二是班主任渊博的学识、崇高的事业心、高度的责任感以及对学生的爱。三是班主任的榜样作用。在班级管理中，班主任“学高为师，身正为范”，以身作则，表里如一，言而有信，用崇高的精神境界感染学生。

4.培养班干部，自主管理

在班级管理中，班主任创设民主氛围，通过班会、板报宣传民主型管理的意义。民主选举班干部，每个班干部都要有明确的分工与相互合作。创设条件，培养学生的自主管理能力。

5.分清主次，胸怀广阔

班主任实行民主型管理，实行民主治班，应认识到事物都有两面性，看待问题要一分为二。无论多好的班级，都会有调皮捣蛋的学生。对待这样的学生，班主任应采用不同的教育方式。班主任要胸怀广阔，不断锤炼自己的气量，才能将积极温暖的力量传递给每一位学生。民主型管理是一种艺术，班主任需要增智慧、扩胸怀，需要不断探索、总结。

二、学生主体理论

学生主体理论，就是班主任在班级管理中，以学生是班级的主人翁、“一切为了学生的发展”的理念为指导，充分发挥学生在班级管理中的主体作用，促进学生全面和谐发展、个性发展。

其一，基于学生主体理论，班主任在班级管理中，应该明确学生是具有独立的人格、是活生生的人，具有主观能动性，要充分认识学生的潜能是发挥班级民主和实施班级人性化管理的前提。班主任要成为学生潜能火把的点燃者，全面理解和把握学生的内心世界，站在学生的角度思考问题。

其二，基于学生主体理论，班主任在班级管理中，应尊重学生的个体差异，做到因材施教。在班级管理中对学生的教育不能千篇一律，而是在遵守班级基本规章制度的基础上，注重发现学生的个别差异，从而做到区别对待，发展每个学生的特质与个性。

其三，基于学生主体理论，班主任在班级管理中，应该满足学生的基本需求，使学生在班级这个大家庭中各显其能，尽可能地展现自我，各得其所地获得发展。

拓展阅读：

基于学生主体理论的班级管理模式的探索①

在班级管理实践中，班主任钱劲老师以新课程理念为指导，积极探索了基于学生主体理论的班级管理模式，为我们班主任提供了思考与启迪。

1. 尊重学生是前提

根据马斯洛的需求"金字塔"理论，"尊重"是仅次于"自我实现"的高层次需求。尊重学生，就是班主任为学生创设一个师生平等的心理平台，彰显学生的主体地位；尊重学生，就是班主任相信每一个学生都有闪光点，创建并呵护学生的人格平等；尊重学生，就是班主任将班级管理的主动权交到学生手中，充分体现班级管理学生"自治"。

2. 基于学生主体的实践操作

（1）改革班干部选举方法，为学生"自治"提供组织保障

班主任建立班团干部定期轮换制。首先，通过全班民主推荐、个人竞选演讲，投票产生班长、团支书。其次，由班长和团支书根据他荐和自荐的综合情况，形成新的班委会和团支部。我半学期实施一次轮换，轮换的对象涵盖所有的班团干部，即新当选的班团干部都是全新的。通过班团干部定期轮换制的实施，淡化了学生的"干部"意识，强化了学生的"服务"意识，在平等、自信、互帮互助的班级氛围中，学生快乐地成长。

（2）引导学生制定班规班纪，完善检查监督系统

魏书生老师在班级管理上一直坚持"时时有事做，人人有事做，事事有人

① 钱劲."学生主体型"班级管理模式的探索[J].湖南教育(A版),2017（06）：40－41.

做”的原则，让每一个学生成为班级做实事的主人。对于部分没有担任班团干部的学生，一方面，班主任增加班级具体事务的人员安排，特设“班级图书专干”“报刊整理专员”“校服专职督察员”等岗位；另一方面，安排认真负责的同学担任“卫生巡查专干”“午休纪检班长”“晚自习纪检班长”等岗位，承担班级各项管理的监督工作。

(3) 开展丰富多彩的班级活动，提升集体凝聚力与班级活力

班级活动是实现班级管理目标的桥梁，是学生展示才华的乐园，也是学生主体性得以释放的广阔舞台。班主任指导学生开展丰富多彩的班级活动，有利于增强集体凝聚力和班级活力。

三、群体动力理论

群体动力理论，主要探讨群体的性质、发展的法则以及群体与个人、群体与群体间的相互关系，来源于 Lewin 所倡导的场理论（Field Theory）。Lewin 认为，心理场的运作就像物理学上电磁波的运作一样，群体行为要受到许多力量或变量的影响。可见，群体动力理论适合作为班级管理的理论基础。从群体动力理论角度来分析，班级群体就是由班级成员及其所处的心理环境共同组成的；而全班学生的行为表现，时时受到班级群体“心理场”的影响。可见，班主任在利用群动力理论来进行班级管理时，应该对班级群体的构成、群体规范与舆论、群体凝聚力等方面有充分了解。

1. 班级群体的构成

一是正式群体。正式群体是由教育行政部门明文规定的群体，成员固定，职责权利明确，组织地位确定。班级、小组、团支部、少先队都属于正式群体。一个班级的好坏，在很大程度上取决于正式组织。班主任对正式群体一般是这样处理的：(1) 选好班级正式群体中的干部；(2) 注意引导和支持；(3) 适当授权，鼓励学生的自主管理。

二是非正式群体。在相互交往的基础上，往往会形成以个人好恶、兴趣爱好为联系纽带，具有强烈情感色彩的非正式群体。班主任对非正式群体一般是这样处理的：(1) 摸清非正式群体性质的好坏；(2) 对积极的非正式群体给予鼓励和帮助；(3) 对消极的非正式群体给予适当的引导和干预。

2. 班级群体规范与舆论

群体规范是指群体为达到共同活动目标而确立的行为标准。群体规范包括正式规范和非正式规范。同样地，班级管理中为了实现自身的目标，也制定了相关规章制度，属于正式的规范。群体舆论属于非正式的规范，是指群体内多数人对普遍关心的事件或问题的一致意见、情绪和意志，并构成对少数持不同意见者的公开压力。

3. 班级群体凝聚力

群体凝聚力是群体成员保持亲近和谐，使群体巩固发展的一种心理力量，包括群体中个人间的人际吸引、群体目标与活动对所属成员的吸引以及群体领导者对群体成员的吸引等。为了增强班级凝聚力，班主任通过设计班级标志、班级口号、班徽、班训、班服等，开展集体活动，促进学生之间的交流，增强班级集体的凝聚力和归属感。例如，班训是经过全班同学共同研讨总结而成的，能有效增强班级凝聚力。

拓展阅读：

集体教育——群体动力理论在班级管理中的运用①

以下是班主任陈刚老师将群体动力理论运用于班级管理，实施集体教育的一些做法和思考。

1. 通过多种方式将个人融入班集体中

集体教育的前提是想办法使学生加入班集体，乐于融入班集体。方法因人而异。记得那是一个星期一，学生都很放松。上课的时候，学生参与热情很高，小丁也不例外。他课上举手回答了好多次问题，我也给了他多次的机会。下课了，他还追着跟我说自己的一个发现。我觉得他的发现很正确，也很有价值。于是，就对他说："你的发现很好，等下节课大家一起的时候，你再将这个发现说一遍，让大家都能听到，有所收获。"我利用教学中的机会，让他在集体前展示自己，让他体会到集体的重要性，为以后借助集体的力量进行教育打下基础。

---

① 陈刚．集体教育：成就班级管理的美丽图景[J]．新课程，2020（01）：236.

2. 通过集体舆论使个体和集体都受到教育

集体力量的主要来源就是集体舆论。电影《老师好》中有这样一个场景：班级合唱比赛得了第二名，苗老师对全班学生说：“这是我带的班参加合唱比赛第一次得第二名，以往都是第一名。”苗老师只陈述事实，却没有对当事人大加批评。集体的教育力量和教育效果远远超过老师语重心长的谈心，或者是声色俱厉的责骂。即使在后来复习迎考的紧要关头，学生们都要坚持练习，是为了给集体争回一等奖。在比赛之后的日子里，学生们更加珍惜友谊，学习也更加刻苦。共同愿景将一群人变成一个具有凝聚力、战斗力的集体。可能实现的、美好的愿景极大地激发了集体的内在潜力，群策群力、万众一心，克服困难、取得成功。

3. 集体与个体相辅相成，共同发展

集体教育通过塑造优秀集体来教育个人，而教育个人的目的又是打造更加优秀的集体。集体和个人就在这螺旋上升的过程中不断发展。集体教育包含着“在集体中”“通过集体”“为了集体”的伟大智慧。个体融入集体，增强了集体凝聚力；集体教育个体，避免了师生冲突；为了集体，呈现了共同的目标追求。

主题 2

班级管理的核心目标

班级管理是对班内的学生、教师、课程、活动等资源进行协调和管理的过程，营造良好的学习和生活环境，促进班级教育教学工作的有序进行，促进学生的自我发展和提高教育教学质量。班级管理目标是一定时期内班级管理活动预期达到的效果。按目标的时间跨度可分为短期目标、中期目标和长期目标；按目标的抽象程度可分为宗旨、使命、目标，抽象程度由高到低；按目标的主要内容可分为班级的学习目标、劳动目标、卫生目标；等等。这里主要从明确班级发展方向、促进学生自我发展、增强班级凝聚力、营造良好的班级氛围等 4 个方面分析班级管理的核心目标。

一、明确班级发展方向

明确班级发展方向是班级管理的核心目标之一。班级管理目标是一定时期内班级管理活动预期达到的效果，不仅是班级管理的出发点，也是班级管理的落脚点，更是班级努力的方向，又规范着班级的具体工作和活动。

班级管理目标具有一定的主观性，是对班级管理活动预期结果的主观设想，是在头脑中形成的一种主观意识形态。班级中所有师生明确班级管理目标后，积极调动自身的潜在努力，尽力而为，创造最佳成绩。全班师生达到班级管理目标后，就会产生成就感和满足感。

班级管理目标具有一定的方向性，为班级管理活动指明方向，班级所有活动都要围绕这个方向而聚焦。班级管理目标为班主任提供协调班集体行动的方向，有助于引导全班学生为实现目标而形成统一的行动。班级管理目标如“北斗星”般地指导班级发展的方向。

班级管理目标具有一定的实践性，为实践活动指明方向，并通过实践活动才能实现目标。班级管理目标有助于班级内所有师生成为一个有凝聚力的联合体，尤其是当班级管理目标充分体现班内所有师生的共同需求时，能够极大地激发师生的热情、献身精神和创造性。

拓展阅读：

班级管理目标及其实现的主要措施①

1. 本学期主要管理目标

（1）对学生进行思想品德教育，端正学习态度，明确学习目的。提高学生学习兴趣，使学生主动学习，提高学习成绩。加强学风建设，注重学法指导，提高学习效率。

（2）贯彻实行《小学生日常行为规范》，开展学生行为习惯养成教育，引导学生成为有礼貌、讲文明、守纪律、讲卫生的好少年，抓好班级的纪律。

---

① 班级工作目标以及主要措施[EB/OL]. https://wenku.baidu.com/view/b9eac513e618964bcf84b9d528ea81c758f52e36.html?_wkts_.

(3) 积极参加学校各项活动，在活动中培养学生的能力。

(4) 注重学生的进步，做到“辅优补差”，面向全体学生，注重学生素质发展。

(5) 培养一群小干部，争取让全班的学生都有当班干部的经历。

2.具体措施

(1) 充分利用班会学习《小学生日常行为规范》，要求学生遵守其中的规章制度，对学生进行行为习惯教育。引导学生之间友好相处，不吵架、不打架，增强班级凝聚力。

(2) 合理利用升旗仪式、重大节日，加强学生德育。例如，利用教师节、国庆节、少先队建队日和元旦等重大活动举行一些有意义的主题班队会，引导学生懂得做人的道理，培养爱国主义情感。同时，让学生在各种活动中学会合作，发展自我。

(3) 正确对待后进生，在生活上、学习上从“爱”出发，对学困生进行辅导，提高他们的学习成绩；帮助他们解决困难，善于发现他们身上的闪光点。

(4) 发挥班干部的作用，师生共同管理班级。班主任告诉班干部要做的事情，每天了解班干部的工作情况，及时解决在班干部管理中出现的问题，树立班干部的威信，以便班干部更好地开展工作。

(5) 尽可能使每个学生树立“班级主人翁思想”，让每个学生知道班级就是自己的家，让每个学生可以自动遵守班级纪律，尽量让每个学生都有可能管理班级，班里每个学生尽量做到各有安排，人尽其用，每个学生都在班集体里找到自己的角色和位置，对班集体有强烈的责任感和归属感。

(6) 充分发挥各项活动、各种平台的教育作用，增强学生的荣誉感。例如，利用校园红领巾广播站、流动红旗的评比等活动，对学生进行思想教育；充分发挥教室内的板报的教育作用，采用灵活多样的栏目进一步规范学生的行为习惯。

(7) 抓好安全教育。“安全第一”始终是班级头等大事，时时刻刻提醒学生上学放学排路队、路队中间不打闹、上下楼梯不追逐、马路行走看车辆、横穿马路要不得、要走地下通道、过街天桥别忘记、陌生人不搭话、安安全全回到家。

二、促进学生自我发展

促进学生自我发展是班级管理的核心目标之一。班级管理应该注重学生个体差异的尊重和发挥，充分发挥每个学生的优势，帮助学生克服自身的缺点，促进学生在各个方面的发展。俗话说，“授人以鱼，不如授人以渔”。在班级管理中也无处不体现这一理念。培养学生的自我教育和自我管理能力，促进学生自我发展，成为班级管理目标中一个十分重要的组成部分。学生的自我管理不仅有助于提高他们自我教育的能力，而且对班级发展具有重要的意义。班主任要教会学生正确地认识自我，让学生正确认识自己身心方面的特点，学会正确评价自我，确定努力方向，有意识地调整自我行动，进行自我激励，保证班级管理目标的实现，促使自己获得更好的发展。作为班主任，为了更好地实现引导学生自我教育与管理，促进学生自我发展的班级管理目标，主要从如下方面去考虑与采取行动。

1. 制定自我管理体系，提高学生的自我管理能力

在制定班级管理制度的时候，我们应该把权利转交给学生，让学生从自我教育的角度罗列出自己在这个大家庭中应该遵守的规章制度，并且教师要积极引导，争取共同制定出大家都满意的制度。这样一来，在以后的学习生活中，学生才能够自觉遵守。学生触犯某一条制度时，才能深刻地感受到自己做得不对，从而自觉主动地改正。此举既提高了学生自我教育的意识，又培养了学生自我管理的能力。

2. 增强学生责任感，做班集体的主人

学生是班级的主人。本着“班里的事，事事有人做；班里的人，人人有事做”的原则，在我们班里，每个学生都有自己的工作，“人人有岗位”，真正做到面向全体学生。比如黑板清洁员、窗户管理员、眼保健操管理员、卫生管理员、黑板报评报员、花草保护员等，全部由学生认领岗位后各自开展工作，每周五进行各“管理员”工作汇报，开展自评、互评与师评活动。学生有了自己的职责和任务，不仅有了自我表现的好机会，更增强了责任感。班级主人翁意识增强了，班风也正了。

3. 引导学生正确认识自我，促进自我教育

班主任引导学生正确认识自己，是进行自我教育的必要前提。学生只有正确地认识自己，才能充分地发挥自己的优势，回避自己的劣势，才能成功，从而享受自我管理、自我教育的成就感。班主任重视并引导学生从自身兴趣入手，制订自己的奋斗目标，引导学生在实现梦想的路上准确地了解自己的位置和方向，从而制订出切实可行的学习计划。班主任的引导能够帮助学生从一个个小目标的实现中获得成功的快乐，在实现大目标的过程中，逐渐形成学生良好的自我管理与自我教育能力。学生只有具有自我管理与自我教育的能力，才能受益终生。

拓展阅读：

提高学生的自我教育能力的探索①

班主任发现班上的一位男同学学习习惯较差，成绩不够理想。于是，就和几个班干部商议举行了一次“我选我”班干部竞选活动。活动前，班主任先和该男同学谈心，问他是否想当班干部，他支支吾吾地说：“我……我能行吗?”班主任微笑着对他说：“怎么不行呢？你身体这么结实，又乐于助人，我经常看见你帮助其他同学值日，卫生管理员不是很适合你吗?”他低着头说：“可是我成绩很差呀!”班主任抚摩着他的头说：“别这么想，老师对你有信心，明天老师为你鼓劲加油!”

第二天，他终于上台演讲了。同学们开始都感到很意外，一片喧哗。班主任立刻让大家安静下来，并告诉大家：“竞选，人人平等，我们给他掌声吧!”然后，这位学生激动地开始了演讲，虽然只是简短的几句话，却字字真诚，再一次赢得了掌声!

自从这位学生当上了“卫生管理员”，自我约束能力、自我教育能力明显提高了，学习的积极性也随之增强，课堂上更专心听讲，作业也能认真及时地完成，成绩也有了很大的进步。

三、增强班级凝聚力

增强班级凝聚力是班级管理的核心目标之一。一个班集体是否优秀，很难找到一个明确、统一的标准，但一个好的班级必须具备强大的凝聚力。班级凝聚力

① 孔群. 在班级管理中培养学生的自我教育能力［J］. 中国教师，2018（10）：40－42.

是一个班级积极向上、团结协作的能力，也是一个班级的向心力，是一种强大的教育力量。全班学生应团结友爱、积极进取，具有强烈的集体荣誉感。班级管理应该建立团结友爱、互帮互助的班级氛围，帮助学生建立团队意识和集体荣誉感，增强班级凝聚力。班主任要做好以下三方面。

1. 建立强有力的班委会

一个优秀的班级除了要有一名出色的班主任外，还必须有一个强有力的班委会。班主任应根据实际情况选出班干部，组成班委会，教给他们工作方法，注意发挥他们各自的才能，去组织和管理全班学生的学习与生活，充分发挥他们的主观能动性与工作的积极性，引导他们真正成为班主任的得力助手和班级的中坚力量。

2. 爱护、关心每一位学生

班主任爱护班级中的每一位学生，引导班级成为团结向上、温馨和谐、有凝聚力的班集体。班主任必须尊重学生，公平、公正地对待每一位学生，巧妙地对学生进行奖励和批评。班主任爱护、关心学生，不能只表现在语言上，更要落实到行动上。

3. 组织丰富多彩的班级活动

班级活动是富有教育力和感染力的第二课堂，学生从中受到教育，得到启发、激励，有助于培养他们的集体荣誉感，增强班级凝聚力。班主任组织丰富多彩的班级活动，如艺术节、征文活动、情景剧、各种社团活动、各种兴趣小组活动、各种竞赛活动，等等。在这些活动中，班主任引导、调动每一位学生的积极性，充分发挥他们的主体作用，引导他们感受到集体荣誉与每个人的努力是分不开的，增强他们的上进心、自我约束能力与集体荣誉感。班主任还应多多鼓励学生齐心合力为班集体争光。一系列的班级活动在学生之间架起了桥梁，使教师与学生、学生与学生之间的关系更加密切，引导他们由相识到相知、相容、相助，促进他们互相理解、互相关怀，增进彼此的友谊，增强合作意识与班级凝聚力。

四、营造良好班级氛围

营造良好的班级氛围是班级管理的核心目标之一。班级管理应该注重营造一个安全、和谐、积极向上的学习和生活氛围，促进学生全身心地投入学习和生活中去。

班主任在管理班级的过程中，要为学生创设良好的竞争氛围，引导学生逐渐适应优胜劣汰的竞争法则，激励学生不断学习，让自己永远保持优胜的状态。在培养学生竞争意识的同时，还要引导学生健康的竞争思想，开展友善的竞争活动。这样一来，才会在班级中形成一种积极的你追我赶、相互帮助的竞争氛围，让学生在竞争中自我教育和学习，发挥学生的主体性，让学生成为课堂的主人。学生在良性竞争的氛围中，积极主动地参与各项班级活动，充分施展自己的才华，班级就会充满勃勃生机和活力。

班主任在管理班级的过程中，要为学生创设安全、卫生的班级氛围。教室是学生生活时间最长的地方。班级文化的建设是班主任工作的重点，目的是为师生创设良好的教学环境。例如，让每一面墙壁都会说话，在教室内以及教室走廊上布置一些名人名言、班训、壁画、挂图，及时出好黑板报，及时整理图书角，等等。随时保持好地面、桌面、墙面和黑板的干净整洁，桌子、椅子排列整齐；教室的读书角、资料架、花盆等和谐生辉，相得益彰。这样，就形成了一个学生想好好学习、教师想好好上课的良好的班级氛围。

主题3

班级管理的主要内容

班级管理涉及的内容很多，这里主要阐述班主任常用的班级常规管理、班级教学管理、课后作业管理和课后服务管理等四大方面。

一、班级常规管理

班级常规管理，是班级管理的主要内容之一，既对班级各种常规实施管理，又通过运用班级常规达到班级整体运行常态化的目的。班级常规管理覆盖了班主任进行班级管理的大部分领域，在班主任工作的各个方面几乎都渗透着班级常规管理的内容。班级常规管理是对班级学习、生活等方面最基本的要求，是班主任引导班干部对班级学生一般因素、通常状态的管理，与每个学生息息相关。可见，班级常规管理主要是班级经常性的规章制度的管理，包括学习常规、组织常规、生活常规、环境卫生、思想品德、学生安全、班级信息常规以及偶发事件的应对等方面的管理。班主任如何做好班级常规管理呢？

1. 制定相关的班级常规制度

班级常规制度是班级常规管理的基础与依据。班主任要根据班级特点，在《小学生日常行为规范》《中学生日常行为规范》的基础上，做好引领或指导工作，经班委会讨论，再由全班学生民主商量共同制定有效的各项班级规章，如《班级公约》《班级卫生管理细则》《班级纪律实施细则》等。“没有规矩，不成方圆”，班内每一个学生都应知晓、遵循班级常规制度或要求。

2. 学习好相关班级常规制度

每年接手一个新班或进入一个新学期，班主任都会好好地利用开学前第一、二周来学习、巩固相关制度。班主任应带领学生把《学生日常行为规范》温习一遍，并联系上学期的执行情况，对某些方面进行重点强调或提醒学生在新学期多注意。班主任还应带领学生学习班级自身的相关制度，进一步引导他们在思想上有统一而清楚的认识。为了帮助学生记住各种常规制度，可借助于儿歌、顺口溜等形式创作文明礼貌歌、走路歌、课间歌、日常行为规范三字歌等，引导学生把各种常规牢记于心，帮助他们进一步规范行为。

3. 实施好相关的班级常规制度

班主任要进一步把班级常规管理落实到实际中来。班级常规只有内化为全体师生的共同准则，变成学生的一种良好行为习惯时，其才能发挥作用。班主任针对一些常规难题，应主动和学生一起想办法去解决。例如，班级图书角的书籍存在着摆放不整齐、借出去忘记归还等问题，班主任专设几个图书馆管理员，和他们一起给书贴标签，并督促图书借还规章制度的有效实施。另外，班主任为了确保制度实施的有效性，强化考核与检查，建立班级学生档案，详细记录学生在校期间遵守班级常规制度的表现，引导每个学生在一定的准则规范下自觉约束自己的言行。

4. 营造正确的舆论

正确的舆论是班集体不成文的行为规范，是一种隐形的班级常规。班集体舆论对学生的影响往往比班主任个人的力量大得多，有效得多。经常见到，很多犯错误的学生并不怕班主任的批评，却很怕集体舆论的谴责。如果一个班级集体舆论健康正确、风气淳厚，那么正确的言行就会得到支持和发扬，错误的现象就能及时得到抵制。可见，培养正确的集体舆论，有助于班级常规管理达到事半功倍的效果。

总之，班级常规管理是一项既辛苦又富有挑战性、创造性的工作。班主任要在实践中不断创新班级常规管理，提高班级常规管理的成效。

拓展阅读：

A 班的上课常规与课间常规①

1. 上课常规

（1）按时上学，不迟到，不早退，不擅自离校，有事要请假。

（2）听到预备铃后，立即进教室坐好，准备好学习用品，保持安静。文具盒横放在桌子中间上方，书本、练习本放在书桌的左右角。

（3）教师进教室上课，由班长喊“起立”，师生问好后再坐下。

（4）上课要认真听讲，不随便说话，不做与学习无关的事。

（5）发言先举手，一律举左手，举手时手肘部搁放在桌子上。发言时精神饱满，口齿清楚，说话响亮，别人说话不插嘴。

（6）阅读和书写时保持正确的姿势，做到预防近视“三个一”：看书写字眼离书本一尺；写字手指离笔尖一寸；胸口离桌子一拳。

（7）自习课上（包括早读）不擅自离开教室，保持教室安静，不说话打闹，讨论学习问题时声音要轻。

（8）整队、集合要做到快、静、齐。

（9）上操时要步伐整齐，精神饱满。做广播体操和眼保健操要按口令做，动作到位，态度认真。

---

① 班级管理常规内容[EB/OL]. https://wenku.baidu.com/view/b9eac513e618964bcf84b9d528ea81c758f52e36.html? _ wkts_ .

（10）有客人听课时，下课后应请客人先走，学生再离位。

2. 课间常规

（1）下课时在规定的活动地区游戏和休息，做正当的游戏。

（2）不在走廊里追逐奔跑，不大声叫喊，不停留在上课班级的教室前观望。

（3）走路、上下楼梯，靠右行，要轻步缓行。

（4）放学时，在教室前排队，整队出校门。上学、回家的路上不游玩乱逛。外出活动结束，不在外逗留，按时到家。

（5）在校就餐要遵守用餐制度，讲卫生、守纪律，注意安全。

（6）爱护校园绿植，不摇树，不采摘花朵，不穿越绿化场地。

二、班级教学管理

班级教学管理，是班级管理的主要内容之一，是指对班级内的教学活动进行有效的组织、协调和管理，以达到提高教学质量、促进学生全面发展的目的。班级教学管理是学校教学管理的重要组成部分，也是班主任、任课教师工作的重要内容。班级教学管理的重要性不言而喻。班级是学生学习和生活的重要场所，班级教学管理直接影响到学生的学习成绩和全面发展。班主任如何提高班级教学管理的有效性呢？重点从以下几个方面进行探索。

1. 制定班级教学规则

班主任建立明确的班级教学规则，且严格执行这些规则，为学生创建一个有纪律、和平、安全的学习环境，保证课堂教学活动的顺利和连续，保证学生积极地参与到课堂教学过程中，有效提高课堂教学效果。制定规则应遵循的一个基本要求是：班主任要在适合学生认知水平和能力的基础上，引导学生参与到制定规则的过程中。根据其参与程度，学生参与制定规则的方式可分为四种：第一种是完全参与型，即班主任将制定规则的权利赋予学生，由学生提出并决定规则的内容；第二种是学生主导型，即由学生提出规则后征求班主任的意见，学生依据班主任的意见对规则进行修改；第三种是班主任指导型，即由班主任对规则制定的整个过程进行指导，和学生共同确定规则的内容；第四种是班主任主导型，即班主任提出规则后交给学生讨论并对讨论过程进行指导，班主任在综合学生意见的基础上，对规则的内容进行修改后再将修订后的规则发给学生。班主任要根据班级实际情况，采用适当的规则制定方式。

2. 处理好班级课堂教学中的问题行为

在班级课堂教学管理中，班主任控制问题行为的主要手段，大多采用事前预防和事后及时终止两种方式。但是无论是先行控制还是事后控制，都是一种对班级课堂教学中学生问题行为的管理。班主任不得不花费大量的时间和精力来提防和解决课堂教学中潜在或存在的问题行为。很多问题行为既不能回避，又不能自行消失。班主任在处理学生问题行为时，不能简单地采用指责和处罚或置之不理的方式。班主任可探讨新的对策，引导问题行为向正当行为转化。正当行为包括维持课堂教学秩序的所有行为。班主任要促进学生的正当行为，引导学生知道哪些行为是被大家接受的，哪些行为是不被接受的。班主任引导学生用正当行为去规避问题行为，让学生保持一种平和的心态，合理有效地处理学生不良课堂行为。

3. 加强班级教学管理的评估和反馈

评估和反馈班级教学管理，是班主任进行班级教学管理的重要环节，帮助班主任了解班级教学管理的效果和问题，及时调整和改进。班主任在开展班级教学管理的评估和反馈时，要注重客观性和科学性，注重学生的反馈和意见。评估主体由一元向多元发展，评估对象由被动等待向主动参与发展，评估方式向全方位、全过程、多角度、多层次发展。鼓励学生参与班级教学管理评估、合作评估，有助于强化学生的自我管理意识、责任意识。

三、课后作业管理

课后作业是日常教学活动的一个重要环节。班主任加强课后作业管理，是班级教学管理的重要内容。班主任如何做好课后作业管理呢？

1. 整体规划好班级课后作业总量与时间

班主任在整体规划作业布置时，应该依据教育部的规定：“小学一、二年级不准留书面家庭作业，其他年级除语文、数学外不准留书面家庭作业，语文、数学书面作业不超过 1 小时。初中书面作业总量不超过 1.5 小时。高中书面作业总量不超过 2 小时。”班主任与班级任课教师沟通，控制作业总量，不增加学生的课业负担。还要注意从宏观上调整主干学科与非主干学科在课后作业配置上的比例，丰富作业形式，突出多样性、实践性和开放性。

另外，从整体上控制作业时间是班主任实施课后作业管理的基本职责。班主任协调、配合班级各任课教师完成课后作业管理，协调统一班级各学科作业时长。例如，班主任可以在教室后墙上设置作业公示栏，内容包括当天课后作业科目、作业量等，并根据学生所在学段与年级的标准，预计作业总时长。班主任也可通过开展作业量及作业实际用时的问卷调查，掌握班级作业情况，及时与年级组、教研组、备课组、任课教师沟通交流，确保各学段学生的课后作业时长不超过教育部规定时间。

2. 整体规划班级课后作业的分层

班主任主动与班级各任课教师沟通协调，整体规范班级课后作业的分层管理。充分考虑学生的学习实际，实施课后作业分层，促进学生差异化发展。任课教师根据课程的教学目标以及学生实际，紧扣课堂教学内容，突出教学重难点，各科课后作业既有统一要求，又照顾不同类型、层次学生的实际，设计布置不同难易程度的 A、B、C 三个层次的课后作业，从而让每个学生在完成课后作业的过程中，获得愉快、满足的心理体验，促进学生差异化发展。

3. 整体规范班级课后作业布置流程

班主任主动与班级各任课教师沟通协调，整体规范班级课后作业的布置流程。班级各科任课教师在当天上完课后，应及时布置作业，可在班上指定课代表把课后作业布置情况抄写在教室后面的黑板上或记录在自己的笔记本上。放学时，各课代表把各科课后作业的布置情况统一向班主任汇报。班主任统一汇总后，放学时再次提醒学生及时做好课后作业。

4. 整体规范班级课后作业评价标准

班主任主动与班级各任课教师沟通协调，整体规范班级课后作业评价标准。一是统一所有班级任课教师一律用红笔批改，正确的画“√”，错误的画“×”，对作业中的关键性错误及时予以修正或以红线画出，必要时加眉批或总批进行说明。二是统一课后作业评定等级分 A（优秀）、B（良好）、C（合格）、D（不合格），还要签上日期，形成学期平时成绩记录。三是统一规定课后作业评语要贴切、中肯，以表扬鼓励为主。四是倡导多样化的、富有实效的作业检查与批改方式，尝试简单作业随堂改，重难点练习面批面改、小组合作批改、学生自批互改相结合的作业批改模式，提高学生完成作业的积极性和责任感。

5. 整体规范班级课后作业质量总结与反馈

班主任主动与班级各任课教师沟通协调，整体规范班级课后作业质量总结与反馈。任课教师每次批改完成课后作业后，课代表及时把课程课后作业质量情况向班主任汇报，班主任每周汇总一次各科作业完成质量情况，并把相关情况向全班学生反馈，及时表扬课后作业做得好的学生和有进步表现的学生，及时提醒并督促课后作业做得不好的学生，引导他们持续改进。

四、课后服务管理

课后服务管理是班级管理的主要内容之一。课后服务是由于家长下班时间与孩子放学时间不匹配的矛盾而产生的一种社会活动。这里的课后服务，特指学校组织的在课外对学生提供的服务性活动，是学校教育的延伸，是为了解决学生放学早、家长下班晚的“时间差”问题，所提供的学生托管、作业辅导、文体活动、娱乐游戏、兴趣培养、社会实践等服务。课后服务可以帮助学生更好地学习，提高学习成绩，拓展学习空间，扩大知识面，培养学习习惯及兴趣，促进学生成长发展。当前的课后服务，是减负进入新阶段的产物。课后服务管理成为班主任班级管理的新内容。班主任做好课后服务管理，必须遵循以下基本原则。

1. 自愿性原则

自愿性原则，是指班主任实施课后服务管理时，不得强迫学生参加。课后服务属于选择性服务，向有需要的家长、学生提供。如果家长、学生不选择，或班上学生选择课后服务的人数少，这都十分正常。班主任切忌强迫学生参加课后服务，要遵循自愿性原则。如果选择课后服务的学生很少，班主任要反思：提供的课后服务质量如何？是精心设计的，还是应付家长学生的？提供的课后服务种类如何？是否满足不同学生的需要？

2. 公开性原则

公开性原则，是指班主任实施课后服务管理时，向家长、学生公开或公示与课后服务相关的信息。在课后服务实施前，班主任要提前把课后服务告知书发给家长和学生，让家长和学生全面了解学校、班级的课后服务制度、课后服务项目、课后服务教师、课后服务时间段、课后服务安全保障等一系列信息。如果家长、学生自愿选择课后服务，要学校、家长、学生三方签字，明确各方应负的责任。另外，还要专门针对课后服务成本分摊进行公示。充分发挥家长委员会的作用，核算课后服务成本，确定家长分摊比例与具体金额。

3. 全面性原则

全面性原则，是班主任实施课后服务管理时，要面向班级全体学生、满足全体学生的需要。班级每个学生对于课后服务的需求与喜好是不同的，学校与班级应提供丰富多彩的课后服务项目供学生选择，让每个学生在课后服务中都有自己喜欢的项目。例如，体育类课后服务项目，有花样跳绳、足球、篮球、啦啦操、健美操、轮滑、毽球、武术、乒乓球、羽毛球等；音乐类课后服务项目，有美声、视唱、练耳、古筝、笛子、二胡、钢琴、小提琴、葫芦丝、架子鼓等。总有一项是适合学生或学生喜欢的，体现了面向全体学生的理念。

4. 主体性原则

主体性原则，指的是班主任实施课后服务管理时，要彰显学生、服务教师的主体地位，充分发挥学生、服务教师的主动性、自主性，采用任务驱动的方法或其他有效的方法促使学生、服务教师主动参与，有效完成课后服务项目，提高课后服务的质量，更好地促进学生发展。

5. 安全性原则

安全性原则，是指实施课后服务管理时，确保学生、服务教师的人身安全。与课堂教学相比，课后服务的不安全因素较多。因此，确保安全是课后服务的重中之重。对此，班主任要及时与服务教师沟通，提醒他们早预防，提前预设安全防范措施，制订安全预案。例如，在体育课后服务活动中，针对跳绳，班主任要提前与服务教师沟通，提示学生留出安全跳绳距离、不允许拿跳绳充当玩具或者相互甩绳等，预判和避免可能伤害他人的不安全因素。完善安全管理制度，把学生安全管理摆在做好校内课后服务的首位。学校、班主任还要积极争取综治、公安、卫生等部门的协调配合、共同监管，切实消除在交通、场地、消防、食品卫生、安全保卫等方面的隐患。

拓展阅读：

某校课后服务工作实施方案①

以下是济南市鲁矿第一小学课后服务工作实施方案。班主任实施课后服务管理时，就必须了解学校课后服务的相关制度，遵循相关制度。

为切实做好我校学生课后服务工作，促进学生健康、快乐、幸福成长，帮助家长解决无法按时接送孩子的难题，根据教育部办公厅《关于做好中小学生课后服务工作的指导意见》和省教育厅、省发改委、省财政厅、省人力资源和社会保障厅《关于全面推进小学生课后服务工作的指导意见》文件要求，结合我校实际，经校领导班子会议研究后，特制定“济南市鲁矿第一小学课后服务工作实施方案”。

1. 目的意义

针对我校下午放学后存在接送难问题开展课后延时服务，是利用学校在管理、人员、场地和资源等方面的优势，在学校规定的课程教学之外开展的便民性服务措施，是坚持以生为本的育人理念、促进学生健康成长，更好地办人民满意教育的重要改革举措，更是主动回应家庭需求、回应社会关切，进一步增强教育服务能力、使人民群众具有更多获得感和幸福感的民生工程。

2. 工作原则

（1）坚持学生自愿原则。在家长、学生自愿的前提下，由家长根据家庭所需向学校提出书面申请。

（2）坚持公益服务原则。学生延时服务应充分遵循公益性、服务性原则，不以营利为目的。

（3）坚持安全至上原则。各班、小组加强安全教育，强化安保工作，做到有人监管、有安全措施、有统一组织，确保师生安全。

3. 具体要求

（1）课后服务对象

课后服务工作主要针对有需要的学生。

（2）课后服务时间

课后服务时间为学校工作日早上上课前、午间休息和下午放学后（周四教师

① 课后服务管理制度[EB/OL]. https://www.yjbys.com/zhidu/3084528.html.

学习除外），一般情况下冬季到晚上5点，夏季到5点半。

（3）服务形式

早间以巡视看护为主，组织早到校学生开展晨间诵读；午间以午间配餐和午休为主；下午放学后以有组织的社团活动及其他学习活动为主。

（4）课后服务内容

主要内容有辅导学生有效完成作业，并进行重点、难点的指导和辅导；带领学生观看具有教育意义的优秀影片和学习资源；在各个开放书架、班级图书角或图书馆进行自主阅读；带领学生参与各类科普、体育和娱乐游戏、社团等活动，也可以安排其他适合学生身心发展的活动育人课程。

（5）课后服务程序

充分利用学校在管理、人员、场地、资源等方面的优势，积极开展课后服务工作。坚持学生家长自愿的原则，学校事先向家长告知服务方式、服务内容、安全保障措施等，建立服务内容公示、学生选择、家长申请、班级审核、校长审定、学校组织实施的工作机制。由家长向学校提出托管申请，学校审核申请并与家长签订相关协议书，明确双方权利、义务和责任分工。

4. 保障措施

（1）高度重视。学校高度重视课后服务工作，成立专门服务工作机构，并将其作为重要的民生服务事项纳入学校工作常规，加强领导、精心策划、认真实施。各班主任及值班教师要高度重视、认真负责，切实将放学后延时服务作为一项分内工作，组织好、服务好，真正让延时服务成为学校的实事工程。

（2）健全制度。建立健全放学后延时看管服务工作相关制度，包括学生看管申报审批制度、学生管理制度、检查考核制度、安全管理制度，以及学生意外伤害等突发事件的应急机制等，确保课后延时服务工作有章可循、有规可依。

（3）规范管理。放学后延时服务工作必须做到以下几条。

①坚持自愿、公益服务原则，严禁以任何方式强制或变相强制学生参加。

②严格规范办学行为，不得将课后服务工作作为学校教学的延伸，不得进行集体补课或举办各种学习兴趣班。

③不得与社会机构合作进行有偿服务。

④服务教师要做好记录，确保学生安全。

（4）考评表彰。

为提高课后服务的管理成效，学校将制订有关课后服务工作考核办法，将管理人员、教师参与课后服务工作纳入绩效考核范围。

主题 4

班级管理的基本方法

有效的班级管理是维护班级秩序、保证教学质量、实现教书育人目标的基本保障。班级管理水平的高低，影响着教育教学任务的完成程度与质量，决定着学生能否健康、全面地发展。班主任要灵活运用科学的班级管理方法，才能提高班级管理的效率，实现班级管理的目标。班级管理的方法很多，如规则引导法、情感沟通法、互动引导法、榜样激励法、目标指引法等。这里主要阐述班主任常用的制度管理方法、民主管理方法、目标管理方法以及激励管理方法等 4 种班级管理方法。

一、制度管理方法

制度管理方法是班主任常用的一种有效的班级管理方法。正如蒙台梭利所言："制度能够为教学提供一个良好的环境，良好的环境有利于学生身心成长，良好制度下的学习环境能够激发学生的潜在能力。"班主任要做好班级管理，离不开班级管理制度。制度管理方法是班主任利用相关制度进行的班级管理方法。值得注意的是，班主任所遵循的相关制度，包括国家教育行政部门制定的学生日常行为守则或规范等规章制度，学校统一制定的作息时间管理制度、学生请假制度、奖罚制度、图书馆使用制度等，以及班级内部制定的班级公约等规则。制度管理方法强调规范性、纪律性、强制性。班主任在班级管理中如何实施制度管理方法呢？

1. 制定班级管理制度

制定班级管理制度，是班主任实施制度管理方法的前提条件。实施制度管理方法关键在于制定规范、合理的好制度。没有相应的班级管理制度，班主任在班级管理中就不可能实施制度管理方法。相关班级管理规章制度不是由班主任独立制定的，也不是由少数班干部决定的。一般是班主任积极发动全班学生共同参与、商讨来制定的，根据班级的实际情况和学生身心发展的特点，经过全体学生的充分讨论和论证后逐渐形成班级管理制度。班级管理制度不能高、大、空，要与班级及其学生实际情况相吻合，还要考虑制度实施时的可行性以及制度考评时的可操作性。

所制定的班级管理制度除了要符合国家相关政策制度的总体要求以及学校的相关制度与要求以外，更要符合班级实际和学生身心特征、实际水平及学生需要。另外，所制定的班级管理制度要内容明确、文字简明、一目了然，有利于制度的贯彻执行。

2. 实施班级管理制度

实施班级管理制度，是班主任实施制度管理方法的最重要的环节与核心任务。班级管理制度制定后要有所实施，制度才有存在的价值与意义。制度如果只写在纸上、挂在墙上，则没有实际意义。班主任应指导全班学生认真学习制度，熟悉制度的基本要求，内化于心、外化于行，成为指导学生现实行为的标杆。

在实施班级管理制度过程中，班主任应积极地组织、协调、调整和督促，增强学生的自主意识和制度实施的自觉性，学生、任课教师、家长齐心合力，充分发挥相关规章制度对学生行为的引导、警示、纠正、约束等多项功能，保证班级教育教学工作的顺利进行，促进学生全面发展。

3. 考评班级管理制度

考评班级管理制度，是班主任实施制度管理方法时不可或缺的环节。制度实施一个周期，如一周、一月、半学期、一学期不等，通过考评班级管理制度的实施效果，发现好的典型，找出差距和不足，以便吸取教训，对促进班级有效管理、学生发展具有导向和示范作用。

班主任在考评班级管理制度时，要充分发挥学生的主体作用。通过自我评价、学生相互评价、班干部评价、家长评价、任课教师评价等多种方式，全面客观地了解学生遵循班级制度情况。奖励达标、优秀的学生，激励他们更上一层楼；积极引导暂未达标的学生，帮助他们发现问题，补齐短板。尤其针对考评中发现的问题，班主任应进一步分析，这些问题是制度自身的问题，还是制度实施的问题，抑或是其他方面的问题。如果是制度本身的问题，班主任要调整制度的某个部分；如果是制度实施方面的问题，班主任在后续实施时，就出现问题的环节进行重点提醒与把控。

拓展阅读：

某班采用制度管理方法的探索①

班主任徐洁老师采用制度管理方法来开展班级管理活动，对班级师生行为进行有效的约束，促进学生全面健康发展，取得了一定的经验，供我们班主任参考与借鉴。

1. 科学合理

制定了包括班级组织建设制度、班级日常管理制度和班级活动管理制度等在内的、科学的班级管理制度。强化班级管理制度的育人功能，有利于提高班级管理的有效性，推进师生、生生关系的和谐发展。

2. 明确规范

科学的班级管理需要有明确规范的班级制度，要做到用词恰当、表达规范、利于执行、对象明确、便于记忆。

3. 刚柔并济

心理学家皮亚杰认为："外部制约强加给学生的纪律只会停留在学生精神之外，基于相互尊重和合作的纪律才能植根于学生心灵。"因此，班级制度的生成必须体现人性化的特点，既要严格、公平、公正和一视同仁，维护班级制度的权威性，又要关注学生的价值和尊严。

4. 宣传到位

班主任做好班级制度的宣传工作，通过角色扮演、知识竞赛、主题班会、辩

---

① 徐洁. 建设班级制度，提升班级管理［J］. 内蒙古教育，2020（08）：45－46.

论赛等多种形式，引导学生在体验的基础上，增加对班级制度的认同感。例如，在班级管理制度中规定“学生上课不能带手机”的条款，有的学生不能接受。对此，班主任通过开展“关于学生上课是否能带手机”的辩论赛，让学生在辩论过程中辨明对错，在讨论中达成共识。

5. 奖惩激励

科学的班级制度，同样需要适当的奖惩激励措施。通过设立班级班务管理表格，对学生的课堂状态表现、课外活动状态、行为习惯等进行管理。每周利用班会时间，根据班级管理表格汇总，组织学生召开奖励表彰大会，如最佳个人卫生奖、最佳干部奖、最佳学习奖、劳动模范、学习标准、进步之星等，激励学生更加自觉地执行班级制度。针对一些违反制度的学生，设立“事不过三”制度，凡是在班级班务管理表格记录中出现三次违规的学生，利用家长反馈单，将违规行为反馈给家长，由班主任和家长共同监督和管理。

二、民主管理方法

民主管理方法是新时代班主任常用的一种班级管理方法。民主管理方法是与绝对服从权威的管理或独裁管理方法相对的一种班级管理方法，是班主任在“民主、公平、公开”的原则下，以学生为本，尊重学生，赋予学生发表意见和决策的权利，积极参与班级事务及其管理活动的方法。该方法有利于提高学生的主人翁意识、培养学生的责任感，有利于学生日后养成民主的意识、作风，有利于提高学生自我管理、自我教育能力，有利于发挥每个学生的特长。班主任如何有效实施民主管理方法呢?

1. 建立融洽师生关系

班主任建立融洽师生关系，赢得学生的尊重和喜欢，是实施民主管理方法的前提与条件。魏书生说：“民主像一座搭在师生之间的桥，民主程度越高，这座连接心灵的桥就越坚固、越宽阔。”班主任的微笑、赞赏代表着对学生的认可、尊重、宽容和期待。班主任不要吝惜对每个学生，特别是顽皮学生和学困生的赞赏。在班级管理中，班主任与学生之间的关系应是民主平等的。如果班主任以管束、高压的手段来管理学生，只能换得学生表面的“听话”，而实际的成效却不大。班主任要学会尊重学生，及时帮助、关心、鼓励和启迪学生，学会换位思考，尝试着以学生的眼光去看待“学生的世界”。班主任要学会倾听学生的忧愁烦闷，体验学生的喜怒哀乐、阴晴雨雪，感受学生在成长过程中经历的挫折、渴望，与学生一起分享他们的成功与喜悦，分享自己的人生经历。总之，在班级民主管理中，班主任要重视建立平等、民主、和谐的师生关系，努力创建民主、和谐的班级氛围。

2. 激发学生的主体意识

班主任激发学生的主体意识，令其积极参与班级事务与管理，是实施民主管理方法的重要条件。要实现班级管理民主化，班主任就要唤醒学生的主体意识和班级主人翁的责任感，让他们明确“这是我的班级”，应该“我做主”，避免学生迫于班主任的威严而产生逆反心理，被动参与。班主任激发学生的主体意识，应做到如下几点：一是要树立以学生为主体的意识；二是要积极开展相关活动来增强学生自身的主体意识；三是多关心、表扬、鼓励学生，尤其重点关注顽皮学生和学困生等特殊学生的主体意识，树立他们的自信心与班级主人翁的态度。

3. 民主选举

在班主任的指导下，民主选举班干部或其他人员，是实施民主管理方法的重要方面。班干部是班主任的得力助手，是班集体建设的核心力量。通过民主选举的合理程序，采用学生自我推荐、公平竞争或竞选、学生自己投票表决，选出自己满意的班干部。这样选出来的班干部比班主任指定的班干部更有群众基础，更能得到全班学生的拥护，开展班级工作就会如鱼得水，顺畅无阻。民主选举不仅仅涉及推选班干部，还可以体现在推选小组长、课代表、三好学生及各项评选评优等活动中。

4. 民主决策

在班主任的指导下，学生民主决策班级各项事务，是实施民主管理方法的核心内容。学生是班级的主人，班级的各项事务，如班级发展目标、管理制度、活动组织、班费开支等，应在班主任的指导与学生集体讨论的基础上，民主决策，消除分歧，统一意见，贯彻落实。班主任应多给学生提供民主参与的机会，学生要积极参与班级事务。在开始阶段，会出现短暂的“混乱”或不成熟表现。但从长远来看，经过短暂的“混乱”或不成熟表现后，学生后续发展会越来越好。

班主任要善于把学生偶发问题转化为自我教育的契机。在班级活动中，学生之间出现分歧是很正常的，班主任应从学生个体和班集体发展的角度来思考这些问题的教育价值，引起学生反思、讨论、辨析、判断并做出合理的选择，促进学生个体和班集体逐步形成自我教育的意识和能力。

班主任还要善于把社会生活内容转化为班级发展、学生发展的有用资源，将与学生有联系的社会生活内容转化为建设民主集体型班级的教育资源，充分发扬民主，充分发动学生学习相关知识、组织志愿者、出黑板报、宣传等一系列活动，既丰富了学生的科学知识、社会常识，又增强了学生的自我意识和社会责任感。

拓展阅读：

班主任实施民主管理方法应避免的几个误区①

1.“民主”管理不是“放任”管理

所有采取民主管理方法治班的班主任，几乎都抱着培养学生自律意识、锻炼学生自我管理能力的良好愿望。但在实际中，给学生放权到什么程度，部分班主任难以处理得当。“民主”的程度多了，由于学生不成熟，班级管理就成了放任自流；“民主”的程度少了，班主任的“专制”或“独裁”就多了，压制了学生自主意识与能力发展。在实际的班级管理工作中，班主任把“权力”下放，工作要做到“到位”，而不能“离位”，更不能“越位”，要在班级管理中起到主导作用，把班级管理的主体位置交给学生。因此，班主任要避免从“包揽大权”转变为过多“放任民主”，从而导致对学生放任自流、班风不正、学生纪律涣散。民主管理既要“民主”，又要“集中”，是两者的辩证统一。

2.“民主”管理不是每个学生都“当官”

班主任采取民主管理方法，重视每个学生都是班级的主人翁，每个学生都有

---

① 刘书成，尹红霞. 小学班主任民主管理班级探讨［J］. 中国校外教育，2017（7）：32,42.

事情做，每个学生都承担一定的责任。可见，在一个真正具有民主风气的班级内，学生与班干部之间，只有分工不同，不存在地位上的尊卑观念。然而，部分班主任为了调动学生的民主管理积极性，或为了培养学生的民主意识、自我管理能力，便在班内广设职位。民主管理方法，真正体现在班主任在班级管理中放下自己的“权威”地位与高高在上的姿态，营造一种民主和谐的班级氛围，引导学生民主参议，对班级事务及其管理提出见解，引导学生积极参与班级事务管理。可见，班主任实施民主管理方法，不是给每个学生定职位，而是让每个学生都积极参与班级事务，每个学生都有事做。

3. 民主管理不是任何事都由“民”来“主”

班主任在实施民主管理方法时，要考虑到学生的时间与精力有限，必须主要投向学习。实行民主管理班级，必须把有利于提高学生成绩、发展学生能力、提高学生素质作为基本前提。离开了这个基本前提，班主任实施民主管理也就失去了应有的价值与意义。因此，有些班级事务及其管理工作，如班级与学校的联系、为学生解开思想包袱、对一些学生的批评教育甚至必要的惩罚……如果放手交给学生来做，学生可能会费时费力较多，且容易出差错，这对学生的影响是弊大利小。因此，班主任要全面考量，在民主管理班级中，学生能干什么、应干什么，不能干什么、不应干什么，应该做到胸中有数。

三、目标管理方法

目标管理方法是班主任常用的一种有效的班级管理方法。目标管理方法，最初由美国管理学家德鲁克在其《管理的实践》一书中提出，其含义重点是“目标管理和自我控制”。目标管理方法是以目标为中心进行管理活动的一种新型的管理方法。把目标管理方法用于班级管理中，就是班级目标管理法。该班级管理方法的侧重点，就是把班级目标作为出发点与落脚点，把目标转化为一系列的任务，并使班级组织目标与班级内的各项事务、班级的学生个人目标融合在一起，从而形成明确具体、切实可行的目标体系，不断促进班级与学生成长。班主任如何利用目标管理方法来有效地管理班级呢？

1. 制订班级目标

制订班级目标是班主任实施目标管理方法的首要任务。该目标一般不是由班主任一人提出，也不是由少数班干部提出，而是在班主任积极发动下由全班学生共同参与、商讨来制订的。根据班级的实际情况和学生身心发展的特点，经过全体学生的充分讨论、充分辩论和论证后逐渐形成班级目标。

班级若没有目标，犹如一盘散沙。班主任作为班级的管理者、学生的引导者，根据本班实际情况，确立有针对性、可行性的班级奋斗目标，并进一步分解班级目标，切实做好班级管理工作。

2. 指导班级目标实现的过程

指导班级目标实现的过程，是班主任实施目标管理方法的核心任务。班主任在指导班级目标实现的过程中，积极地组织、协调、调整和督促，增强学生的自主意识和执行的自觉性，全班每个学生、任课教师、家长等齐心合力，持续朝着班级目标前进。

班主任通过班级目标引领学生增强班级凝聚力，不断地将学生潜在能力激发出来，促进学生全面发展。目标管理是一种科学的班级管理方法和手段。这种管理方法重在引导师生共同形成参与班级管理的意识，人人都为实现班级目标而努力，人人都为促进班级发展而努力，班级管理的效益大大提高。从某种意义上说，学生的发展过程就是班主任指导班级目标实现的过程。

3. 考评班级目标达成情况

考评班级目标达成情况，是班主任实施目标管理方法不可或缺的环节。在考评时，班主任充分发挥学生的主体作用，充分发挥班级目标的导向和示范作用。通过自我评价、学生相互评价、班干部评价、家长评价、任课教师评价等多种方式，全面客观地了解班级目标、学生目标的达成情况。对达标、优秀的学生进行奖励，激励他们继续努力，实现新的发展目标。对暂未达到目标的学生进行积极辅导，帮助他们发现问题并积极改进。尤其针对考评中发现的一些问题，应进一步反思：这些问题是由哪些方面导致的？以后如何改进？如何制订新的班级目标和学生目标？班主任把具体班级事务及其管理工作纳入目标管理的轨道，从而使班级管理目标化、制度化和规范化。班主任考评现有班级目标达成度以后，还要不断提出新的目标，激励班级所有学生不断成长。

拓展阅读：

应用班级管理目标方法的探索①

1. 制订合理的班级目标

班主任在制订班级目标时，将目标根据时间跨度设置短期、中期、长远目标，并进一步分解成班集体、学生个人两个维度。学生个人目标不仅包括学习方面，还包括思政教育、劳动教育、体育等多个方面。每一个方面都穿插着短期目标、中期目标和长远目标，引导学生对自己整体发展有一个很清晰细致的认识。在确定学生个人目标以后，通过与小组成员之间的合作互助，完成小组目标。汇总小组目标后，经全班同学商讨、确定，形成班级整体目标。班主任作为整个班级管理的领导者，应该注意班级目标的可行性，侧重于激发学生潜力，为学生全面发展打下坚实的基础。

2. 实施班级目标的过程

班主任作为整个班级管理的领导者，在目标实施过程中，应注意以下几个方面：（1）重视每位学生的个性和想法，给学生足够的尊重，针对不同的学生采取不同的方法；（2）注意学生在目标实施过程中的心理变化，班主任采取积极措施，增强学生的自信心，对有消极想法的学生及时开导，提供有针对性的帮助，引导这些学生积极为实现目标而努力；（3）重视小组学习跟进开展丰富活动，将过程的重要性表述给学生，促进学生实现自我教育和反思；（4）整体重视学生的学习、思政教育、体育、劳动教育等综合目标的达成，不能仅仅注重学习目标的实现。

3. 评价目标达成情况

阶段性目标达成之后，班主任还应对目标实现情况进行评价。这项举措的实施主要在于了解学生目标完成的具体情况，当学生明显进步时可适当改进阶段性

① 王亚. 初中班级管理的目标激励实施方法［J］. 教师博览（科研版），2018（08）：18－19.

目标，有助于调动学生的潜力和主动意识，真实感受到自己因为不断地实现目标，个人发展越来越好。班主任反馈班级管理目标的结果时，表扬达成目标的同学，充分肯定学生自身的努力与付出，从而激励学生对自己提出更高标准，坚定学生努力向前发展的信心与决心。班主任要不断探索和总结，不断改进和完善班级的整体管理目标，不断促进班级与学生的发展与提升。

四、激励管理方法

激励管理方法是班主任常用的一种有效的班级管理方法。激励是指通过肯定和强化某种思想动机，以激发人们积极性的心理过程。激励管理方法是一种正面的激发和奖励，既符合学生的心理特点，也符合科学的教育规律，是班主任进行班级管理时富有成效的方法。激励管理方法的理论依据是需要理论，激励的过程，就是人的需要、动机、行为、目标相互联系、相互作用的过程。班主任在班级管理工作中采用激励管理方法，对激发学生参与班级管理起到积极的推动作用。一般而言，班主任常用以下几种激励措施来实施激励管理方法。

1. 先进榜样激励

榜样的力量是无穷的，尤其是先进榜样更具有极大的感染力、吸引力和鼓动力。学生善于模仿，爱效仿身边的人。班主任要充分利用先进榜样激励学生，以收到良好的效果。

其一，榜样具有教育作用。以先进人物为榜样激励学生，符合学生身心发展特点。他们容易对那些做出卓越贡献的科学家、思想家、艺术家和为正义事业而英勇献身的革命先烈等先进榜样产生由衷的敬佩之情，从内心深处把那些正直无私、为真理不懈斗争的行为和精神作为模仿和学习的榜样。其二，榜样具有感染作用。由于先进榜样具有完美性和典型性，学生模仿时会受到一定的感染而形成积极向上的思想情感，容易将这种内在的情感外化为行动。其三，榜样具有矫正作用。学生经常用先进人物的事迹对照自己的言行举止，检查自己的不足之处，从而自觉抵制外界的不良诱惑，矫正自己的不良行为。

2. 成就激励

班主任及时发现学生的闪光点，及时表扬，让学生在班主任的肯定和鼓励中获得一种成就感和满足感，增强学生的荣誉感和自信心，产生愉悦的心理体验，从而更增添了前进的动力。

例如，有个班主任在班里设置了一个公布栏，主要发布学生的进步情况。只要学生一有进步，就把学生姓名及其进步情况写在公布栏里，并在全班进行表扬。这样一来，绝大多数的学生受到很大的激励，期望能不断获得更好的成绩以持续获得满足感。于是，在班里形成了“你追我赶”的优良学风，调皮学生的不良行为也减少了很多。

3. 情感激励

情感具有迁移功能。班主任通过建立良好师生关系，将师生彼此之间的情感迁移到班级管理上，通过以情育情、以情动人来提高班级管理效率。班主任不仅是学生的师长，而且是学生的朋友。在班级管理中，班主任要从点点滴滴上关爱学生，和学生建立起亲密感情，用人格魅力感染学生、激励学生。

例如，有个网瘾学生，旷课、逃课是家常便饭。针对这个问题学生，新班主任接手该班时，没有马上予以否定和责令其改正，而是先以一个“网盲”的身份与其探讨关于“网”的内容，让他有一定的亲近感和成就感，从而取得了他的信任。一段时间后，该班主任见时机较成熟了，同他探讨“喜欢与责任”这一话题，引导他考虑自己的人生责任及现阶段的责任，做一个负责任的人。慢慢地，该学生减少了旷课、逃课的次数，网瘾有所减轻。后来，该班主任经常与他谈心，经常鼓励他，对他动之以情、晓之以理、导之以行，成为他的良师益友。一学期后，该学生逐渐从网瘾中走出来。

专题四

班级活动的设计与实施

班级活动是以学生的兴趣、需要、经验和能力为基础，在班主任的指导下，有目的、有计划地举行的各种教育实践活动。班级活动是班级管理和班级建设的重要组成部分，活动的设计和实施需要兼顾教育性和趣味性，还需要考虑学生的需求和班级的特点，使学生在活动中得到锻炼和成长。

主题 1

班级活动的意义和价值

班级活动是学校教育的重要组成部分，是实现班级功能的主要承载体，是建设良好班集体的重要组成部分和最重要的内容。班级活动的意义和价值主要体现在如下 5 个方面。

一、有助于培养学生的思想品德

学生的思想教育在学校教育中处于核心地位。班级活动是班主任工作的重要组成部分，是对学生进行素质教育的重要渠道，也是对学生实施德育、培养思想品德的手段之一。通过班级活动，有助于学生将书本知识内化为自身的道德观念。成功的道德教育不仅是帮助学生形成道德认识、树立道德观念，而且要帮助学生养成有道德的行为，达到知行合一的效果。班级活动恰恰给学生提供了养成道德行为的机会。任何具体的德育实践都是在德育过程中存在和进行的。学生思想品德的养成必须借助于一定的活动实践。学生参与班级活动，在具体的活动或实践中提升自己的思想品德。

拓展阅读：

争做“节约小能手”①

为了引导学生养成勤俭节约的好品质，争做“节约小能手”，班主任开展了相关的班级活动。班主任召开班队会，宣布争做“节约小能手”活动方案。学生按照自己的兴趣爱好，按用的浪费、吃的浪费、穿的浪费分成 3 个小组，选出组长并制订本小组调查的项目。各小组分别进行调查，了解社会生活中有哪些与

① 班级活动的设计方案[EB/OL]. https://wenku.baidu.com/view/6822e4a9b84cf7ec4afe04a1b0717fd5360cb22e.html? _ wkts_ .

自己所选择调查内容相关的浪费现象存在。各小组制作关于节约的手抄报，栏目可分为“环保知识”“关注浪费”“节约小技巧”“节约故事”等，对环保知识进行宣传。各小组总结调查结果，制订厉行节约的方案，并就本组的调查内容展开讨论，看看用哪些方法可以分别达到节省水、电、文具用品、吃穿的目的，为节约支招。各小组组长将调查的结果分类总结，并向全班同学发出倡议，提出可以改善浪费现象的建议。班主任主持全班学生的汇报总结，评选“节约小能手”，并倡议全班学生继续保持勤俭节约的好习惯。经过这次班级活动，学生纷纷做起“节约小能手”，逐渐养成了勤俭节约的好品质。

二、有助于培养学生的交往和合作能力

具备良好的人际交往能力和积极的合作精神是21世纪人才应具备的基本素养。对于学生而言，通过师生之间、同伴之间的良性合作与交往能有效地实现社会化的发展。班级活动有效地给学生提供了合作和交往的平台。在班级活动中，班主任带领学生为了实现共同的目标而相互帮助、彼此合作。学生有更多的机会去处理人际关系中的问题，并从中学习分工、沟通、交流、合作的技巧，有助于提高学生的合作和交往的能力。

例如，在课余时间，班主任可以组织篮球比赛等班级活动。在篮球比赛中，学生需要互相配合，才能做好传球、防守、投篮，有助于提高学生的交往合作能力，提升合作精神和团队意识。又如，班主任在开学之初，开展一次集体拼图的班级团建活动。在参与活动中，学生需要相互交流、发表自己意见，分工合作，才能很好地完成任务，不知不觉地提高了交往和合作能力。

三、有助于发展学生的个性特长

单纯的学科教学难以促进学生个性的充分发展，甚至有可能陷入“千人一面”的怪圈。而丰富多样的班级活动恰好能满足每个学生独特的兴趣爱好，充分展示每个学生各自的才能与优势，从而促进学生发展自己的个性特长。各种各样、丰富多彩的班级活动，不仅有助于学生发展自己的个性特长，而且有助于学生找到适合自己的角色定位。

例如，班主任组织班级演讲比赛活动，口齿清楚、体态语言与口头表达能力强的学生在演讲比赛中一展风采；班主任组织班级联欢活动，擅长歌舞、小品、

乐器、武术、体操等个性特长的学生大显身手；班主任组织班级作文比赛，则爱好练笔、逻辑思维能力强、喜欢阅读等个性特长的学生独领风骚。班级活动的开展不断激发学生自我发展的内生动力，有助于发展属于自己的个性特长。

四、有助于促进班级的建设与发展

班级活动是建设良好班集体的重要组成部分和最重要的内容。班级的建设与发展仅靠开展学科教学活动是远远不够的，还需要班主任组织开展丰富多彩的班级活动。可见，开展富有教育意义的班级活动，是形成良好班风、提升班级凝聚力的必要条件之一，有助于促进班级的建设与发展。

通过班级活动，助力班级目标的实现、集体纪律的增强、同学友谊的发展，有助于增强全班学生的凝聚力，调动每个学生的积极性，形成健康、积极、向上的班级舆论和良好风气；有助于不断增强每个学生的班级归属感和集体荣誉感。实践表明，班主任组织学生开展丰富多彩的集体活动，有助于促进班级的建设与发展。

五、有助于促进学校与家庭、社会的协同合作

与在课堂内进行学科教学相比较，班主任组织开展班级活动，极大地拓展了教育空间，促进了家庭和社会有机会共同承担培养学生的责任。班级活动在学校、家庭、社会三方协同合作中开展，引导学生的价值观念和行为准则向和谐发展，减少彼此之间的矛盾冲突。同时，来自家庭和社会的各方面影响，多渠道地作用于班级活动，促进班级活动更符合社会实践真实的情景和学生今后的需求。

例如，班主任组织研学旅行活动时，要提前与家长沟通，最好通过“给家长的一封信”的形式具体明确地告知家长做好前期相关准备，从家长角度反馈做好研学旅行的相关建议。班主任收到家长的相关建议后，调整部分方案。研学旅行不是在学校内部实施，而是去校外开展，与社会密切相关。班主任要与负责该次研学旅行的旅行社充分沟通，如有必要，还要实地考察研学旅行目的地，确保相关设施、住宿、餐饮、活动环节的安全。可见，班级活动能有效促进学校与家庭、社会协同合作育人，共同促进学生的发展。

主题 2

班级活动设计与实施的基本原则

精心组织的班级活动，能让学生充分受益、终生难忘。要组织好班级活动，有效实现班级活动的目的与功能，班主任必须遵循班级活动设计与实施的基本原则。一般而言，班主任设计与实施班级活动时，主要遵循针对性、教育性、整体性、灵活性、自主性等基本原则。

一、针对性原则

针对性原则，是指班主任组织开展班级活动时要做到有的放矢，不能“脚踩西瓜皮，滑到哪里就在哪里”。班主任遵循针对性原则，就要根据学生学习或生活中存在的现实问题，有目的、有准备地组织开展班级活动；或者根据学生身心发展变化的规律，有预见性地提前组织开展班级活动，牢牢把握教育的主动权，提前做好预防或促进工作。班主任在选择班级活动的题材内容、活动方式时，也要根据学生的年龄特征与知识水平来设计与实施。这就要求班主任重视调查研究，摸清学生的身心发展状况，把握学生的特点与需求，有针对性地确定班级活动的主题、选择班级活动的内容与方式。

例如，某七年级班主任设计与实施“向早恋说 BYEBYE”主题的班级活动。显然，该班级活动主题符合初中阶段学生的身心发展特征与现实中部分学生早恋的现象，确定该主题是符合针对性原则的。班主任选择该班级活动的内容素材主要包括早恋的认识、产生早恋的原因、早恋的不良影响、防止早恋的对策。显然，这些活动内容素材也是具有针对性的。班主任在实施该活动时，没有采用说教的方式，而是通过两种方式来开展。一是观看采访视频。班主任在该活动之前，指导班干部采访了其他学生，有初中生、高中生、大学生，让他们来说一说早恋。二是充分发挥学生的主动性。通过“我来说早恋”的形式，引导学生进一步探讨。显然，这些活动方式方法更是具有针对性的。正是因为班主任遵循了针对性原则，该班级活动获得圆满成功。

二、教育性原则

好的班级活动应发挥教育的综合功能。班主任遵循教育性原则，就是班级活动设计与实施要寓庄于谐、寓教于乐，最大限度地发挥其教育作用。例如，根据学生爱说脏话的状况，确定了“如何养成好语言习惯”的主题活动；根据学生不爱劳动的情况，确定了“劳动最光荣”“我是劳动小能手”的主题活动。班主任根据本班实际情况，确定既符合学生现状又富有教育意义的主题，这就是遵循教育性原则。班主任遵循教育性原则时，重点把握班级活动的过程，班级活动的总结要体现教育性。

例如，某班班主任组织“祖国，力量的源泉”“救救地球妈妈”“爱心大使”“我为班级出份力”“星空探秘”等班级活动，一看题目，教育性原则就体现出来了。班主任应在班级活动场地营造浓浓的教育氛围，标题的书写、展板的摆放、桌椅的形式都要做整体设计，渲染教育情境、活动气氛。在班级活动进行中，班主任要最大限度地调动学生动口、动手、积极参与，在亲身实践中受到教育。班主任还应充分利用班级活动的总结，引导学生自己总结收获和体会，巩固教育成效。

三、整体性原则

整体性原则，是指班主任设计与实施班级活动时，应着眼于整体效益，在活动的目的、活动内容、相关资源等方面上整体把握与考量。

整体性原则，体现在班级活动的目的上，包括学生德、智、体、美、劳全面整体性发展。

整体性原则，体现在班级活动的内容上，要围绕活动的主题，从不同的侧面来全面反映活动主题。班级活动内容的整体性，不是硬性的拼凑，而是各部分的有机组合。例如，开展“地球是我们唯一的家园”的主题班级活动，包括了解地球、画地球、赞美地球、爱护地球等内容，还包括“人与地球”的知识讲解、地球污染的书面调查报告和漫画作品展、“请爱护我们的家园”的主题班会及环保倡议。

整体性原则，体现在班级活动相关资源的整合上。学校资源具有一定的局限性，班主任设计与实施班级活动时，要善于整合利用社会、家长等各种资源。例如，开展班级活动时，学生参观工厂、博物馆、纪念馆、地方历史古迹、爬山、踏青等，就是整合相关社会资源，成为丰富而强大的教育资源，更好地实现班级活动的目的。另外，家长也是班主任开展班级活动需要整合的教育资源。

四、灵活性原则

班主任遵循灵活性原则，主要体现在要遵循班级活动自身的生成性。班主任在组织、开展班级活动前，就对如何实施班级活动做了全面的设计和预案，具体包括相关准备、内容、人员、过程、方法等。但是，在班级活动实际实施中，不是机械地根据班主任预先设计的框架来实施的，而是随着班级活动的不断展开，根据学生参与的实际情况，有设计外的新状态产生，同时伴随着新的小主题、新的行为产生，学生在这个不断生成的班级活动过程中兴趣盎然，认识和体验不断加深，创造性的火花不断迸发。当然，值得注意的是，灵活性原则在班级活动实施时，班主任不是不按照事前设计的活动方案来实施，而是不机械照搬活动方案，是具体情况具体分析，注意班级活动实施时自身的生成性，灵活处理。

班主任遵循灵活性原则，还体现在选择活动场所、方式的灵活上。班级活动不一定非在教室内、学校内开展，而是根据活动主题的要求与季节的特点来安排，温暖的季节以室外活动为主，如操场、公园等地。寒冷的季节以室内活动为主。即使在室内，也可根据活动的主题安排在微机室、校史室、博物馆、展览厅、音乐厅、科技馆等合适的场所。

五、自主性原则

自主性原则是指班主任开展班级活动时，要尊重学生的主体地位，要让学生当家做主，充分发挥学生的自主性、积极性，让学生自主贯穿整个班级活动的始末。班主任引导学生自主地投入班级活动中，让学生意识到，班级活动是学生自己的活动，自己要动脑筋、想办法，把活动搞好。遵循自主性原则，不是班主任放任自流，班主任要给予相应的指导。班级活动是在班主任的指导下，激发学生的潜力，激发学生的热情，动脑筋、想办法，积极参与到班级活动的设计与实施中来，把活动搞得有声有色、富有成效。

学生是班级活动的主体，班级活动一定要突出学生的主体地位，充分调动学生的积极性，提高每项活动的参与率，这样才能实现班级活动的目标。同时，学生的创造力、潜力是无穷的，学生做班级活动的主人，也有助于促进班级活动不断创新，获得丰硕的成果，更好地影响学生，促进学生的发展。

拓展阅读：

“爱心义卖”班级活动的自主性原则案例①

某班经班委会研讨，计划组织学生进行一次贫困山区孩子的捐助活动。班主任将此次班级活动的主动权交给学生，让他们拿出有创意的设计方案，并安排实施。经班干部与各小组长共同合计与商讨，认为硬性要求每位学生捐款不妥，也不能达到教育的意义。一致决定在班上开展一次“爱心义卖”活动，动员全班同学拿出自己不用或对自己作用不大的文具、玩具、书籍、日用品等，以低价卖给本班学生或全校其他学生，不仅物尽其用，而且募集捐款奉献爱心。班主任以及全班同学同意这个方案。后续，班干部与学校团委沟通，在学校操场一个角上开展班级爱心义卖活动。由于此次“爱心义卖”班级活动可行又有教育意义，激励着班上学生以及其他班上的学生积极参与，成为一次热闹、有意义、富有成效的班级活动，很好地达到了活动的目的。

主题3

班级日常活动的设计与实施

班级建设和健康发展、学生的全面发展都离不开班级日常活动。班级日常活动对学生产生着潜移默化、润物细无声的影响与作用。班级日常活动要做得出彩和富有成效，需要教师的巧思妙想、精心实施。这里重点阐述班主任如何设计与实施晨会、大课间活动、午间活动、值日等班级日常活动。

① 周敏. 策划组织班级特色活动的原则［J］. 教学管理与教育研究，2016，1（01）：45－47.

一、晨会的设计与实施

《九年制义务教育全日制中小学课程计划》（试行）明确规定，利用每日早晨10分钟的时间对学生进行常规教育、时事教育的重要活动。这就是晨会。晨会是班主任与学生面对面、心对心交流的最佳时间，是班主任加强班级管理、提高学生思想品德修养、规范行为的微型课，有经常性、及时性、针对性、灵活性等特点。一般来说，晨会以班为单位，多由班主任主持，有时也可以全校或按年级举行。班主任如何开展晨会这种班级日常活动呢？

1. 选择晨会主题

班主任一般根据如下情况，选择相关晨会主题。一是与行为养成相结合。具体体现在和《中小学生行为规范》《小学生守则》《中学生守则》等规章制度的学习相结合。二是与传统美德相结合。自立自强、孝亲敬长等都可以成为晨会主题。三是与节日、纪念日相结合。例如，针对国庆节，开展爱国主义主题的晨会。四是与学科教学相结合。例如，学完《长城和运河》后就召开“我心目中的长城”的主题晨会，培养学生的爱国情感。五是与政治文化相结合。例如，晨会敏锐“跟踪”社会思想、流行文化，引导学生及时地了解国家的大事。

2. 发扬学生自主与民主意识

班主任在晨会实施中，要发扬民主，发挥学生自主意识，培养学生的自主能力。尤其鼓励班干部或其他学生自愿参与并轮流担任晨会主持人，走上晨会的讲台。班主任要做好充分的指导，逐渐放手给学生，让学生自己来组织晨会、主持晨会。例如，某班主任发现班上有几个学生经验与知识丰富，有较强的语言表达能力，就引导并指导他们分别主持了“安全在我心中”“怎样当好值日生”“谈谈我的学习方法”等主题的晨会。学生在晨会中展示才华，对其他学生有很大的促进与示范作用，促使其他学生多看书、多观察、多体验、多总结。

3. 面向全班学生与个别学生相结合

晨会活动不仅面向全体学生，而且要重点关注个别特殊的学生。对于大多数的学生，班主任在晨会课上表扬、批评、关爱、评比等，都比较管用。而对于少数特殊学生，在晨会中，班主任应通过合适的方式，提醒他们认真参与。例如，通过简单的话，像“某某同学，你能听到老师的话吗”“很好，某某同学，坐好了”等语句去提示他。在晨会实施中，班主任要做到全班学生与个别学生相结合。值得重视的是，班主任在晨会活动中，不能当着所有学生的面去批评少数学生，要给他们保留自尊。

4. 注意分寸

班主任在晨会上对学生进行必要的表扬与批评是应该的，但不能一味地批评，把晨会变成“批判课”。班主任特别注意，务必避免当着全班训斥学生，尤其是特殊或问题学生，要考虑学生的自尊心和心理承受能力。凡事都要有一个分寸，表扬不能过滥过假，批评不能过激过实。班主任要换一个角度旁敲侧击，进行隐蔽性的教育。在晨会中，总结课堂学习、作业情况、纪律情况、清洁卫生、一周小结时，要反映实实在在的问题，决不允许有说谎、攻击他人的行为倾向。

5. 关注后续行为

晨会的有效性，最终要落实到学生的实际行动上，否则就是空谈，是无效的。因此，班主任要把晨会上给学生提出的要求，在晨会后贯彻落实，关注后续行为是否达成。例如，某小学三年级1班班主任在“规章制度伴我行”晨会后，严格要求学生出校门自觉排队、上下楼梯有秩序、不迟到、不早退、课间不打闹等。这样，晨会的教育效果就落实到每个学生的身上，从而逐渐养成良好的习惯。

拓展阅读：

小学生晨会“文明礼仪伴我行”的实施①

1. 激情导入，揭示主题

（1）指名学生说说学校的文明礼仪。（2）同学们，文明礼仪规范，大家都能倒背如流，已烂熟于心了，可是大家实践得怎样呢？今天我们来交流一下。（3）揭示晨会主题——文明礼仪伴我行。

2. 摆事实，明道理

（1）出示《小学生文明礼仪规范》。（2）明确文明礼仪规范中的三大礼仪：称谓礼仪、问候礼仪、尊师礼仪。（3）学生列举班级或校园内的一些学生遵守文明礼仪规范的现象。（4）观看录像。录像内容：①课间直呼同学绰号的；②家长送孩子上学，到校后，孩子径自跑进教室，不向家长问候的；③擅自打开老师电脑玩游戏的；④在楼梯上追逐嬉戏，横冲直撞，与老师和其他学生撞个满

① 小学生晨会策划方案[EB/OL]. diyifanwen. com.

怀的。(5) 对照文明礼仪规范，学生分析录像中做法的对与不对，为什么？(6) 联系学校文明礼仪规范，具体说说如何成为一个讲文明、懂礼貌的学生。

3. 班主任总结

我们要以文明之星为榜样，他们不仅将文明礼仪规范铭记在心，更是将文明礼仪付诸行动，让文明礼仪伴我们同行，讲文明、懂礼貌。

二、大课间活动的设计与实施

大课间活动，之所以称为“大”，是与课间操相比，持续的时间较长，一般至少是30分钟，一般在上午第二节课和第三节课之间，或者在下午第二节课和第三节课之间实施相关活动。这些活动涉及体育、游戏、音乐、舞蹈、艺术等各种形式。大课间活动周密的设计、丰富的活动内容、灵活的组织与活动方式、合理的活动强度，使其既能有效缓解学生的学习压力，又能促进学生的身心发展。班主任设计与实施大课间活动，要注意以下方面。

1. 注意分时设计与实施

为解决场地紧张、不足等困难，可推行分学段、分时段设计与实施大课间活动。改变大课间千篇一律地采用上午活动模式。例如，可把大课间活动调整为单周一、三、五年级在上午活动，二、四、六年级在下午活动；双周反之。通过上午、下午的大课间活动交替进行，不仅有效缓解了空间不足的问题，而且有效激发了学生参与活动的热情。

2. 重视各环节、各项目有序设计与实施

大课间活动虽然时间不长，但也应按热身、活动、放松这三个环节依次实施，这样才能符合人体的活动规律。例如，某校开发了一套独具学校特色的大课间活动体系，以“热身环节、核心活动环节、放松环节”三段式实施锻炼过程。热身环节有“自编热身操”和“专项热身”相结合，活动时间为5分钟。专项热身包括跑步专项热身和跳绳专项热身，全校师生以体操队形散开，跟随音乐和动作，完成专项热身的练习。核心活动环节包括“灵敏、柔韧、速度、耐力、力量、协调”六大板块，具体项目为跳短绳、跨步跑、往返跑、负重跑、跳跨梯奔跑、变速跑等，每月安排不同的活动主题单元。放松环节，在舒缓的音乐伴奏下，完成5分钟的放松活动，包括远眺操放松眼睛，调节眼部肌肉，保护视力；身体拉伸，缓解身体疲劳。

3. 关注少数特殊学生

如班级中有患有心脏病、哮喘、紫癜等疾病和临时生病、受伤的学生，大课间活动也要把他们纳入进来，但要注意最好由体育教师根据学生的实际情况，设计大课间活动内容，以有氧运动为主，原地做操、静力拉伸、关节活动等，酌情减少练习动作、组数和运动量，让少数特殊学生也能参与大课间活动，得到应有的锻炼，促进他们的发展。

4. 确保大课间活动实施安全

大课间活动应该安全、有序地实施。如何确保大课间活动实施的安全性呢？一是确保大课间活动场所、设施设备的安全。应由专人检查操场、运动场等场所地面是否完整，及时修补，有专人定期检查各种设施、器材是否完好，及时修理、升级更新。二是确保活动项目安全，活动强度科学，学生得到适宜、适度的锻炼，不出现异常情况。三是提醒学生在活动中遵守纪律，不随意追跑、打闹，确保学生在活动中不出事故，确保学生安全。

拓展阅读：

银川市第十五中学大课间体育活动的设计与实施①

1. 大课间体育活动的目标设计

银川市第十五中学大课间体育活动的目标为提高学生对体育运动的认识，让学生掌握运动技术，锻炼学生体质，增强学生的合作、竞争意识和交往能力，营造积极向上的校园氛围。

2. 大课间体育活动的场地保障

该校有一块300平方米的田径场、一块足球场、两块全场篮球场、四块半场篮球场、一个体育馆、五块乒乓球场，活动场地充足，有效地保证大课间体育活动的实施。

3. 大课间体育活动的时间安排

该校大课间体育活动时间包括两部分，即上午第二节课课后的30分钟与下

① 杨莉. 银川市第十五中学大课间体育活动开展现状与对策研究［J］. 体育视野，2023（6）：76－78.

午第二节课课后的30分钟。一共60分钟，达到了学生在校“每天锻炼一小时”的国家要求。

4. 大课间体育活动的实施

该校大课间体育活动项目主要有篮球、足球、跳绳、武术和广播体操。活动时，学生先一起做广播体操，然后按照年级做相应的体育运动，同一年级的运动项目和内容相同，高年级比低年级根据具体情况可增加相应的频率和次数。在篮球项目方面，学生跟着音乐节奏做原地运球；在足球项目方面，学生进行两人一组传球练习，连续互传20次为一组，共进行三组；在体操项目方面，以班级为单位做第九套广播体操；在跳绳项目方面，学生跟着音乐节奏原地跳绳，直至音乐结束；在武术项目方面，学生跟着体育教师或体育委员练习太极拳、八段锦。在活动实施期间，各班班主任和体育委员进行监督，体育教师巡回指导。

5. 大课间体育活动的评价

不同的主体从不同的角度评价大课间体育活动。例如，体育教师主要评价各班是否有效组织、参加体育活动、动作是否标准等；班主任主要评价自己所在班级的出勤率、班级集合的速度、班级活动的纪律和动作规范与整齐等；学生一般评价自己心中态度最认真、动作最规范的同学。不同的主体评价，充分反映出学生参加大课间体育活动的情况，有利于大课间体育活动的实施和完善。

三、午间活动的设计与实施

午间活动，是班主任在每天午间有针对性地引导与组织学生开展的各项活动。午间活动是学生在校生活中不可或缺的一部分，不仅为他们提供了休息和放松的场所，而且为他们提供了学习和探索的机会。班主任合理安排午间时间，精心设计和实施午间活动，有利于培养学生的兴趣爱好、提高学生能力、陶冶学生性情、促进学生全面健康发展。班主任如何有效地设计与实施午间活动呢？

1. 学生自愿参与午间活动

有人担心午间活动延长了学生在校时间，增加了学生的负担。这种观点无疑是片面的。午间，不管学生参不参加午间活动，都是客观存在的。其实，午间活动也是很多学生的客观需求。午间，毕竟有一段不短的时间，如果没有组织好，学生无事可做，很无聊。如何利用好午间，是师生、家长共同关注的问题。班主任如果能把午间活动组织得有声有色，学生有兴趣、爱好参加，何乐而不为呢？当然，班主任要坚持学生自愿自主的原则，不统一的硬性规定班上所有学生必须参加午间活动。

2. 合理设计与实施午间活动内容与形式

班主任遵循学生身心发展规律，根据不同年龄学段特点，充分尊重学生个体差异和兴趣爱好，以拓展学生素质、培育学生特长为主，在“细”和“实”上下功夫，组织丰富多彩、小型多样的午间活动，如各种竞赛活动、图书与报刊阅览、写字与书法、英语与古诗文诵读、信息技术与研究性学习、棋类与乒乓球、才艺培训与展示等。午间活动切忌组织语、数、英、物、化等学科教学辅导，不组织各科作业的训练与检查，不进行剧烈的体育活动。另外，午间活动的形式与难易程度设计与实施，也要根据学生的身心发展需求与实际情况。例如，针对低年级的学生，班主任可设计和实施一些简便易操作的午间活动；针对高年级的学生，班主任可设计和实施一些相对复杂的午间活动。

3. 加强午间活动的指导与管理

午休活动要在班主任或其他任课教师的指导与管理下进行，才能够保证学生有序、安全、高效地开展午间活动。一是确保午间活动所需的设施设备有保证，学校微机房、图书阅览室、艺体器材等场所、设备设施在午间向学生正常开放，并安排教师值班管理。二是不管午间活动的组织形式如何灵活多样，都要加强组织与管理，杜绝午休活动无序开展，不能放任自流，应确保学生的安全和活动的成效。三是午间活动要符合卫生、安全的要求，饭后不要马上做剧烈活动，一吃完饭就让学生看电视也不符合卫生的要求，应当让学生饭后适当休息一段时间，再组织午间活动。

4. 层层推进午间活动的发展

午间活动有一个逐渐发展的过程。最初，午休活动重在午间守护照应学生，班主任确保他们的安全，这是一个最起码的底线要求。班主任设计实施一些力所能及的午间活动，根据班级的实际情况，能搞一项活动就搞一项活动，能搞两项活动就搞两项活动。慢慢地，班主任加大推进午间活动的力度，设计实施更多的午间活动，内容与形式不断多样化，学生多方面的兴趣能够得到满足，爱好特长尽可能得到培养和发展，这是较高层次的午间活动。

拓展阅读：

二年级3班午间故事阅读活动设计与实施的探索①

浙江建德市实验小学班主任戴飞琴老师是一名语文老师，她把班上学生的情况与所教的语文学科相结合，设计并实施了午间故事阅读活动，受到了学生的喜爱与欢迎，取得了一定的成效。供我们班主任参考与借鉴。

1. 午间故事阅读活动的设计

设计午间故事阅读活动时，我把重点放在内容的设计上。主要采用“1 + ×”方法进行故事阅读活动的内容设计。何谓“1 + ×”，即讲一篇课文，附加若干篇泛读或者课外阅读的文章，引导学生自己读，或者其他学生读。通过“1 + ×”方法，在午间活动，能有效增加学生阅读量，这不同于课堂教学采取的精读精讲的教学方式。

根据二年级语文上册的单元主题，设计了如下午间故事阅读活动的内容，预期阅读以下篇目。

单元	主题	内容	整本书推荐	相关链接
一	童话	《猜猜我有多爱你》 《爱心树》 《寻找快活林》	《电话里的童话》	王一梅 童话系列
二	识字	《仓颉造字》 《猜猜猜，猜字谜》 《苏东坡改对联》 《对韵歌》	《汉字的故事》	《清明节的故事》 《处处都端阳》 《龙年的礼物》
三	多彩 童年	《阿利的红斗篷》 《贝尼都会干什么》 《胡萝卜先生的胡子》	《一年级大个子 二年级小个子》	成田雅子图画书系列

---

① 戴飞琴. 第一学段午间故事阅读活动的设计及实践［J］. 小学语文教学，2020（32）：14－17.

续表

单元	主题	内容	整本书推荐	相关链接
四	我爱祖国	《多变的脸》 《小溪流又唱了》 《在童心的世界时》（组诗）	《鼹鼠的月亮河》	《早发白帝城》 《清溪行》
五	道理	《大闹天宫》 《葫芦兄弟》 《黑猫警长》 《渔夫的故事》	《小熊温尼普》	《西游记》绘画本
六	人物	《哥伦布竖鸡蛋》 《少年外交家》 《小秀才教大树》 《吴斌：76 秒长于百年》	《成语故事》	雅诺什图画书
七	观察思考	《蚯蚓日记》 《我喜欢你，狐狸》 《我的幸运一天》 《换妈妈》	《了不起的狐狸爸爸》	谢尔·希尔菲斯坦
八	相处	《我有友情要出租》 《你看起来好像很好吃》 《咕噜牛》	《一百条裙子》	宫西达也图画书

表格第三列以“单篇故事”为主，适合午间阅读活动；表格第四列，推荐阅读的整本书，适合学生在午间阅读以及回家后的“和大人一起读”；表格中的“相关链接”，适合学有余力的学生阅读。整个内容设计既保证了“最低的阅读限度”，又做到“上不封顶”，基于学生的学习起点，符合学情班情，科学合理。

2. 午间故事阅读活动的实施

(1) 第一个环节：自主学习

学生可根据书单选定自己所要阅读的书目。在午间活动中静静阅读，或读或思、或写或画，静思间有所得、静默中有所获，安静的教室里只有他们的呼吸声、翻书声。学生沉浸在书中，积累沉淀语言，内化吸收语言精华。

（2）第二个环节：朗读与倾听

根据学生意愿，邀请部分学生上台大声朗读阅读内容，其他学生认真听。在读与听中，学生进入故事情境，想文中的人物之所想、思文中的情节之所思，沉浸在故事里，体验愉悦。通过学生有声有色、情文并茂的朗读与认真倾听、仔细思考，架起通向学生阅读的桥梁。

（3）第三个环节：讲故事与听故事

学生借助于连环画、插图或动态的图画，借助于词串，在熟悉阅读内容情节的基础上，有条理地讲述阅读内容或故事大意。短故事，由一个学生独立讲；长故事，由几个学生接力讲；还可以指导学生有创意地讲述，如采用第一人称讲述、分角色讲述。

（4）第四个环节：创编故事

学生基于对所阅读内容或故事文体进行充分想象，创编故事。以原有故事文本为基础，构造新的想象空间，改编、创编故事。例如，在原有故事情节中加一两个角色，把原来的故事情节矛盾变一变，引导学生进行想象，推动故事的发展，让故事变得更丰满、更曲折、更生动，激活学生的想象力和创造力。

四、班级值日的设计与实施

班级值日活动是班级日常活动中不可或缺的组成部分。作为一种班级日常活动，其并不是一种单纯维护校园环境的体力劳动，而是一种提升学生责任意识、合作精神、自我管理能力，以及养成良好的生活习惯的重要教育途径。学生作为班级的一分子，轮流参与班级值日是权利，也是义务。班主任如何设计与实施班级值日呢？

1. 正确认识值日与值日生

部分人对班级值日与值日生有误解，认为值日就是搞卫生，值日生就是轮到当天搞卫生的学生。其实不然，值日是对班级日常事务的管理，包括卫生、纪律、水电窗门的开关、信息上传下达，等等。因此，值日生就是根据预定计划，轮到当天值日的学生，全面负责当天的班级日常管理。

2. 明确值日生的基本职责

不同班级的值日生，其具体的基本职责不同。一般而言，主要涉及如下基本职责：每节课后及时擦好黑板，清理好讲台桌；维护好室内或室外走廊的卫生，及时地把垃圾筐里的垃圾清理掉；检查学生课桌椅排列是否整齐，卫生工具放在门后并排列有序；制止学生课间在教室内外喧哗打闹；上课铃响后，督促学生安静，准备上课；集会时要检查佩戴红领巾情况，放学时做好路队的整队集合离开教室；放学后，监督是否关好电灯、电脑、窗户，门是否上锁；发现问题及时向班委、班主任反映；等等。

3. 制订并实施班级值日安排表

班主任将班级日常工作分解成各种小任务，并把这些小任务及其要求分配给相应的学生，由具体的学生负责。最后，确定时间维度。把学生姓名、工作任务、时间三个维度相结合，从而确定某个学生在哪一天负责完成什么任务，制订班级值日安排表。学生就根据班级值日安排表的次序，依次轮流值日，确保班级值日持续开展。

拓展阅读：

班级值日生具体职责①

为了使班级日常管理责任落实到人，明确规范班级值日生职责，培养学生自我管理的能力，特制订华封初中七年级2班值日生具体职责如下。

1. 值日生要以身作则，模范遵守学校各项规章制度。

2. 值日生负责维护早读、中午和自习课纪律，保持教室秩序正常。

3. 值日生负责清点早读、中午及每节课学生到班情况，如有缺勤、生病学生，第一时间报告班主任、任课教师。

4. 值日生发现学生中的违纪、不良行为或异常情况，包括打架斗殴、携带禁带物品等，如有突发性事件第一时间向班主任、任课教师报告。

5. 值日生负责黑板、讲桌、讲台卫生，每节上课预备铃之前保持清洁。

---

① 班级值日生表[EB/OL]. https://www.xiexiebang.com/a11/2019051322/3644a268a4011b99.html.

6. 值日生负责关好教室窗户、门，及时开关教室灯、电扇，管理好教室公物。

7. 值日生佩戴值日生标志，负责填写班务日志，每天向班主任汇报工作情况。

8. 完成班级其他临时性工作。

主题4

班级主题教育活动的设计与实施

与班级日常活动不同，主题教育活动是一种在班主任的指导下，充分发挥学生的主体作用，围绕一个主题，突出一个中心，有目的、有计划、有组织地开展形式多样、内容丰富的教育活动，引导学生学会自我教育、自主发展。有效的主题教育活动必须立足于现实，满足学生内在的发展需求，发挥班主任、学生的主观能动性，促进彼此之间自主和谐的交流，促进学生展现潜能和才华、提升思想品德、提高能力。根据活动内容的不同，把班级主题教育活动分成节庆纪念日、学生成长、法制安全及学生心理健康等主题教育活动。

一、节庆纪念日主题教育活动的设计与实施

节庆纪念日是一年之中有着重要内涵和深层意义的特定日子。有中华民族的传统节日，如清明节、端午节等；有国家规定的法定节日，如春节、国庆节等；有民族英雄的诞辰和逝世纪念日，如毛泽东主席的诞辰纪念日是12月26日等；有重大历史事件的纪念日，如七一建党纪念日等。节庆纪念日主题教育活动，简言之，就是以我国节庆纪念日为主题开展的教育活动，是对学生进行思想教育的重要形式，也是德育活动的重要方面。班主任如何设计与实施节庆纪念日主题教育活动呢？

1. 抓住时机，设计与实施相应的节庆纪念日主题教育活动

节庆纪念日与特定的时间密切相关，因此，班主任应充分利用恰当的时机，

设计与实施相应的主题活动，开展有目的的教育。例如，3 月有植树节，利用这个契机，对学生开展劳动教育和环境教育，引导学生树立正确的劳动观念与环保意识，以及为我国青山绿水添彩的自豪感；利用春节等民族传统节日，对学生进行民族文化传统教育，引导学生树立民族自信、传统文化自信；以清明节为契机，举行扫墓等活动，不仅有助于开展革命传统教育，缅怀先烈，而且有助于家风传承；以母亲节、父亲节、重阳节等节日为契机，开展感恩教育与尊敬师长的教育；以建党纪念日为契机，开展党史教育、爱党教育；以国庆节为契机，开展爱国主义教育。

2. 加强实践与体悟，多途径开展节庆纪念日主题教育活动

节日纪念日具有针对性、宣传性、生动性和历史性等特点，其中蕴藏着宝贵的教育资源，为学生实践与体悟提供了恰当的时机、活动的平台、丰富的材料和深厚的文化底蕴。在节日纪念日开展主题教育活动，学生更容易获得感性的体验、灵魂的触动、激情与梦想的激发、理想与信念的坚定，在潜移默化中达到教育的目的。例如，植树节的班级主题教育活动，班主任可以带领学生实实在在参加植树活动，引导学生在买树苗、挖坑、植树、埋土、浇水等一系列实践活动中，开展劳动教育；班主任可以引导学生查找国家领导人，如习近平总书记在植树节与小朋友一起植树的活动与发表的讲话，引导学生感受国家领导人对青少年的谆谆教诲与殷切期望；班主任还可以开展“我为青山绿水添彩”“劳动，我也行”等主题的讨论与演讲比赛、辩论赛，持续加强、巩固学生在主题教育活动中的所感、所悟、所得。班主任要充分利用节日纪念日这一时效性强、现实意义突出的资源，加强实践与体悟，提高主题教育活动成效，促进学生发展。

3. 注意安全，确保节庆纪念日主题教育活动顺利进行

开展节庆纪念日主题教育活动时，尤其是在校外开展时，班主任要做好全面的预案。一是确保主题教育活动设计科学，活动地点、时间、参与人员、活动材料方面做足准备，各个环节衔接流畅，确保在实施的过程中，不出现掉链子的情况。二是学生在外出活动时务必遵守纪律，确保学生在活动中不出事故。三是如有必要，班主任应实地考察，尤其注意防范交通安全与突发事故，确保学生安全。

拓展阅读：

“我们的节日 · 清明节”主题教育实践活动方案①

1. 活动目的

通过祭奠先烈，引导学生慎终追远，缅怀前辈，继承传统，增进爱党、爱国、爱家乡情感，提升文明素质。

2. 开展祭奠先烈活动

组织学生慰问复退军人和烈士家属，就近到红色旅游景区景点、革命战争纪念地、重大战役发生地，特别是抗日战争遗址遗迹以及烈士陵园、烈士墓地进行祭扫、献花和宣誓，表达对先烈先辈的感恩怀念，引导学生继承先烈遗志，珍惜幸福生活，汇聚精神力量。

3. 开展“网上祭英烈”活动

组织学生登录“中国文明网—网上祭英烈”参与网上献花、抒写感言寄语等祭英烈活动，引导学生缅怀先辈、学会感恩，铭记责任、向往未来，立志接过前辈的“接力棒”，为实现中华民族伟大复兴的中国梦而努力学习。

4. 开展文明祭扫宣传活动

学生开展“文明祭扫，平安清明”宣传活动，引导人民用种鲜花、植树等文明生态的方式表达对先人的怀念之情，形成文明健康的祭祀新风。

5. 开展主题文化活动

班主任进一步组织学生开展清明诗文朗诵会、诗词歌会、红歌传唱等活动，通过个人朗诵、集体诵读、书画展示等多种形式，进一步了解清明节的历史渊源与当代意义，感悟精神内涵，起到传承文化、传播文明的作用。

二、学生成长主题教育活动的设计与实施

学生成长主题教育活动，是指根据学生身心发展的特点和规律，针对学生在不同年龄阶段的生理变化、心理成长、学习和生活状态而组织的指向学生成长的主题教育活动。该班级主题活动具有时代性、针对性、引导性、真实性等特点，旨在通过倾听学生的烦恼和需求，解决学生的具体问题，促进学生健康成长。班

① 经典节日教育实践活动方案[EB/OL]. https：//wenku. baidu. com/view/59afec041a2e453610661ed9ad51f01dc28157ff. html? wkts .

主任如何设计与实施学生成长主题教育活动呢？

1. 调查学生发展的现状、存在的问题与发展的需求

调查学生发展的现状、存在的问题与发展的需求，是设计与实施学生成长主题教育活动的第一步。班主任可通过单独谈话、学生座谈、调查问卷、查阅作业与成绩单等资料、访谈家长等多途径全面客观地了解学生发展的现状、存在的问题与发展的需求。

班主任可以通过与任课教师的访谈，进一步了解班级学生的状况；还可以上网寻找资料，了解班级所在年龄阶段的学生有哪些共同的发展需求。

2. 确定学生成长主题教育活动的主题及其相关内容

班主任在调查的基础上，总结、归纳本班学生在成长过程中存在的最主要问题，以及问题的表现形式，结合学生发展的需求，确定学生成长主题教育活动的主题以及相关教育内容、教育活动。

例如，某班主任调查后发现，当前学生存在的最主要问题是学习，其具体表现在学习态度不端正，对学习不重视；学习意志品质差，不能持之以恒；课前不预习，课后不复习；上课被动听讲，不积极思考和回答问题，有的同学甚至根本不听讲；课后作业应付，甚至抄作业；不主动学习，不会就不会；等等。根据这些问题，班主任与班干部进一步研讨后，确定学生成长主题教育活动的主题为“学习顶呱呱”。

班主任进一步根据问题表现形式与学生发展需要，确定一系列的主题教育内容，如“我的学习我做主”“克服困难，我也行”“预习复习，我来了”“我的学习小妙招”“高效作业，我也行”等小主题。

3. 多途径实施学生成长主题教育活动

班主任要充分发挥学生的自主权，引导学生积极参与到学生成长主题教育活动中来，引导他们主动探索、自主反思、改进行为、完善自我。班主任针对每个小主题，可以指导学生查阅资料，了解别人是怎样解决相关问题的；可以请优秀学生介绍经验，借助于榜样的示范作用；可以直接介绍学习策略与方法；可以引导学生自我反思，分析自己的问题，自己提出解决的对策；还可以通过学习进步竞赛、学习心得征文比赛；等等。总之，班主任应多途径实施学生成长主题教育活动，确保学生成长主题教育活动的成效与目标的达成，更好地促进学生的成长与发展。

拓展阅读：

小学生成长主题教育活动设计①

江苏省常州市第二实验小学班主任袁文娟老师，在多年的班主任工作的经历中，关注不同年龄阶段学生的发展特征，根据1～4年级的学生成长中需要关注的问题，有针对性地组织开展学生成长主题教育活动，把学生发展中的阶段性和连续性有效地结合起来，促进学生更好发展。她的宝贵经验给予我们班主任参考与启示。

1. 一年级和二年级

从幼儿园到小学，针对学生学习内容、学习方式、生活环境等急剧变化，一年级和二年级学生成长主题教育活动以“做好幼小衔接，帮助学生生活适应与学习适应”为重点，培养学生的学习兴趣，以适应校园生活与学习。活动内容主要是适应学校环境、适应新的人际关系、适应新的角色、适应新的学习活动等。活动方式要突出“童趣”，富有浓郁的游戏色彩，寓教于乐。

班主任可以借助于队前教育，巩固学生的入学适应成果。邀请高年级学生给一年级学生上队前教育课，使其知道队名、队旗、队徽、红领巾的意义，学唱队歌、戴红领巾、行队礼和呼号，讲述优秀少先队员的故事，并可根据学生发展情况，促进学生入学适应。

班主任还可以开展“金色的秋天的合作”活动，注重小组合作系列活动，包括树叶剪贴绘画、同题绘画比赛、儿歌童谣传唱、诗歌朗诵表演等，强化学生的合作意识和集体意识，指导学生关心和帮助其他伙伴，在活动中分享与伙伴交往的乐趣，体验快乐学习的乐趣。同时，还邀请家长参加相关活动，让家长了解孩子的成长与发展。

2. 三年级和四年级

进入三、四年级，随着学习难度和强度的增大，学生的学习兴趣开始分化，学科偏爱开始出现。同时，学生的自主意识不断增强，人际交往需求不断提高。因此，三、四年级学生成长主题教育的活动有两个主题。

三、四年级学生成长主题教育活动的主题之一是“提高学习能力”，重点指

① 袁文娟．着眼于学生成长需要的主题教育活动设计[J]．班主任，2007（08）：29－30.

导和帮助学生适应中年级的学习生活，培养良好的学习态度与习惯，掌握有效的学习方法，正确对待学习与生活中的挫折、困难，提高学习能力。围绕着该主题，班主任开展“我的自画像”“学习，我有办法对付你”“我是学习小能手”“笑对困难”“我的好学习小妙招”等系列活动，通过学生主动参与、倾听和理解、反思、实际运用等方式，促进学生提高学习能力。

三、四年级学生成长主题教育活动的主题之二是“情感教育”，帮助学生产生积极的社会性情感，学习尊重他人、关心体谅父母、体验集体荣誉感等。例如，班主任开展“当一日父母”“假如我是你”等体验活动，指导学生学会多角度地认识生活，学会和人交往、尊重和帮助他人、排解消极情绪，在充分关注学生成长需求的基础上，引领他们更好地发展。

三、法制安全主题教育活动的设计与实施

法制安全主题教育活动，是指班主任根据学生的身心发展特点，有目的、有组织、有计划地提高学生的法律意识、安全意识、社会责任感、社会认识能力，有效保护自己的一种班级主题教育活动。班主任如何进行法制安全主题教育活动的前期准备与设计、实施活动和活动总结，请参阅随后的拓展阅读。这里重点分析法制安全主题教育活动两个方面的内容，以期澄清学生在思想、观念、心理、认知等方面的模糊观念乃至错误观念。

1. 安全教育的主要内容

（1）交通安全教育，包括走路、骑车、乘车、乘船等。班主任要引导学生学习交通法规，熟悉交通信号和标志，掌握交通安全常识，自觉遵守交通规范。

（2）日常生活安全，包括防触电、防煤气中毒、防火、家务劳动安全、饮食卫生安全等。班主任引导学生掌握用电、用气、用火安全常识与正确操作；严格遵守食品卫生，注意饮食卫生习惯和用药卫生，防止食品污染、有效防止食物中毒。

（3）活动安全教育，包括运动环境和器械安全、体育课安全、野外活动安全和公共场所安全等。班主任要引导学生遵守体育锻炼规则，做好运动前准备，掌握科学的动作技巧；游泳要在有安全措施的游泳馆，严禁私自下河游泳，杜绝危险行为；学生外出、乘车注意安全，管好财物，严禁携带易燃易爆有毒物品。

（4）自然灾害中的自我保护教育，包括水火灾、暴风雨、雷电袭击、地震等。

（5）社会治安教育，包括防骗等安全教育。班主任引导学生加强自我保护意识，避免被坏人拐骗和伤害，自觉抵制毒品侵害，远离黄色出版物，不沉迷网络，谨慎交友。

（6）意外事故处理教育。班主任引导学生掌握安全应急常识，发现安全隐患，及时拨打应急电话：火警119、匪警110、急救电话120、交通事故报警电话122。

2. 防止校园欺凌的主要内容

校园欺凌给学生带来身体和心灵的双重创伤，是当前广受关注的一个话题，也是法制安全主题教育活动涉及的主要内容。

（1）了解校园欺凌是什么。发生在学校校园内、学生上学或放学途中、学校的教育活动中，由教师、学生或校外人员，蓄意滥用语言、躯体力量、网络、器械等，针对学生的生理、心理、名誉、权利、财产等实施的达到某种程度的侵害行为，都是校园欺凌（暴力）。

（2）了解欺凌形式。班主任要引导学生分析自己是否被欺凌，及时采取对策，保护自己。欺凌形式主要包括4种。一是推撞、拳打脚踢以及抢夺财物等的肢体欺凌；二是当众嘲笑、辱骂以及取侮辱性绰号等言语欺凌；三是孤立、集体抵制以及令其身边没有朋友等的社交欺凌；四是在网络上发表对受害者不利的网络言论、曝光隐私、恶搞受害者的照片等的网络欺凌。其中，肢体欺凌、网络欺凌是容易察觉的欺凌形式，言语欺凌、社交欺凌是隐蔽的欺凌形式。

（3）学会防止校园欺凌的对策。学生要学会自护自救和互助互救，因地制宜、因事制宜、因时制宜，机智灵活地防止校园欺凌。遇到校园欺凌，沉着冷静，尽可能拖延时间，等待救援或争取自救；必要时，呼救求助，采用异常动作引起周围人注意；人身安全永远是第一位的，不要激怒对方以免对方有更过激的行为；在学校不主动与人发生冲突，一旦发生及时找班主任或家长解决；穿戴不要奢侈，尽量低调，不过于招摇；独自行走时尽量不要走僻静、人少的地方，要走大路，放学路上不要贪玩，按时回家；积极进行心理健康咨询和疏导；及时向公安部门报案并配合立案处理。

拓展阅读：

法制主题教育班会活动的设计与实施①

海南东方市八所中学班主任郑长喜开展了一次法制主题教育班会活动，取得了很大的成效。供我们班主任借鉴与参考。

1. 活动目的

学生严于律己、遵纪守法，运用法律知识武装自己，保护自身合法权益；学生学会自我教育、自我约束和自我管理；学生从法律角度思考问题，养成理性思考的习惯。

2. 活动设计

(1) 前期准备。调查和了解学生关心的主要问题，确定班会主题与活动形式。召开三次班干部会议、两次全班学生会议和分组讨论会议，确定班会准备工作具体分工。

(2) 选题。社会生活的多元性和价值取向多样化造成当前高中生价值观和行为方式的多重性和复杂性。社会上和校园内的各种不正风气、腐败迹象和违法乱纪现象给高中生带来很大的负面影响。因此，本次班会主题为“加强法制教育，增强法治观念”。

(3) 形式。充分发挥学生主体性，学生参与主题班会的整个过程，教师起引导与协助作用。主题班会遵循晓之以理、动之以情、导之以行和持之以恒的原则，寓法制主题教育于活动之中。

具体形式与过程主要如下。①学生表演小品《后悔已经来不及了》，从学生身边生活实际，讲述学生轻信他人，误入传销窝点，不懂法制常识，也不知道利用法律武器保护自己，遇事忍气吞声，最后是公安机关才让他从传销黑窝点摆脱的故事。②说唱音乐《法治观念很重要》、短剧《遵纪守法和社会责任意识》引发学生产生对社会的责任感和责任意识。③学生主持人配音乐《心声》，讲述马加爵的故事和马加爵的两份忏悔书。④学生阅读家长给自己的一封信。⑤问答与讨论，学生参与问题的回答与讨论，实现自我教育。⑥学生代表上台发言，谈感想和自己今后的做法。⑦班主任寄语。⑧宣誓活动。通过宣誓活动，学生会得到警示，树立自律、自爱、自警、自省的精神。⑨全班学生一同歌唱《中国共青团

---

① 郑长喜. 法制教育主题班会活动方案 [J]. 教书育人，2019 (01)：79－80.

团歌》，在歌声中结束此次主题班会。

（4）手段。以多媒体与信息技术设备为手段，将图、文、声、像融为一体，生动展现法制主题教育内容。

3. 活动过程

（1）班会主题引入。呈现小调查的结果：你对中学生学习法制知识持什么观点？你看见过学生打架吗？你在社会上被骗过吗？你知道的法制节目有哪些？你闯过红灯吗？你设想过可能出现的危机吗？你学习过应急措施吗？通过调查结果，导入“加强法制教育，增强法治观念”的主题。

（2）感悟与提升。

（3）让法治观念内化为学生的自觉行动。这两个环节主要根据上面的活动设计的9个环节实施。

（4）班主任总结。“勿以善小而不为，勿以恶小而为之”“百行德为首”，高中生的很多犯罪都是由自私、说谎、赌博等不良行为逐渐蔓延、滋生开来的。同学们，你们是祖国的未来，老师在期盼着你们，父母在期盼着你们，你们有理由让不良违法行为存在吗？行动起来，做一个知法护法、能保护自己的现代公民。

4. 活动后记

在本次法制主题教育班会活动中，学生精彩的表演、高涨的热情、激烈的讨论、不时爆发的掌声和欢笑声告诉我，活动取得了圆满成功，达到了预期教育效果。前期的查阅资料、自制调查问卷、参与讨论、知识问答、分析各种案例、诗歌朗诵、小品表演、宣誓与合唱等形式，学生们积极参与，在活动中得到教育，收获体验，也增强了素质，锻炼了能力。

四、心理健康主题教育活动的设计与实施

心理健康主题教育活动，是班主任根据学生生理心理发展的规律、当前存在的问题以及未来发展的需要，运用有效的心理学的教育方法，让学生产生情感共鸣和思想碰撞，引导学生主动调适自己的心理状态，培养学生积极的心态、良好的心理品质与心理素质，促进学生身心全面发展的班级主题教育活动。虽然心理健康主题教育活动与心理健康教育课不同，但是随着教育界对心理健康教育课的重视，班主任越来越熟悉心理健康主题教育活动。因此，这里仅重点阐述心理健

康主题教育活动的方式，其他相关方面请参考本部分拓展阅读。

1. 咨询答疑方式

处于发展中的学生，其生理、心理变化特别大，其心理问题、心理困惑也非常多。为了解决这些问题，班主任可采用咨询答疑的方式来实施心理健康主题教育活动。在开展心理健康主题教育活动前，班主任要通过调查研究，总结学生最关注和最期望解决的心理问题，确定相关主题。该主题围绕着这些学生共同的心理问题或困惑的咨询答疑而展开活动。

2. 相互交流方式

该活动方式，主要是班主任在实施心理健康主题教育活动时，要营造和谐而融洽的气氛，通过学生与学生之间、学生与学长之间、学生与家长之间、学生与班主任之间的或学生与校外专家之间相互学习、相互交流与互动，从而实现互动的目的，促进学生发展。

3. 心理情景剧方式

该主题教育活动方式很惊艳、很新颖，具备娱乐性强、体验感深等特点，把那些深奥的心理健康知识、道理通过轻松活泼的娱乐表演展示出来，极大程度地满足学生的好奇心，充分调动学生参与主题教育活动的积极性，引导学生在一种轻松愉悦的环境中潜移默化地受到教育。班主任要用好该方式，需要提前做好充分准备，提高学生的参与性与主动性，提前指导相关学生写好心理情景剧剧本、排练好心理情景剧。

4. 角色模拟方式

心理健康主题教育活动的效果，取决于学生从主题教育活动中真正体验、感悟到了什么。通过角色模拟，让学生在不同的环境下扮演不同的角色，增强学生的内在体验。从某种意义上说，角色模拟是心理情景剧的低配版，不需要像心理情景剧那样事先做许多准备。因此，角色模拟方式使用频率比较高。班主任在开展心理健康主题教育活动时，设置一个心理冲突的情景，让学生角色扮演，或学生换位角色扮演，既能很好地化解心理矛盾，又可很好地给其他学生提供启示。角色模拟方式有助于让学生身临其境、换位思考、亲自体验，从而受到感染和启迪，提高心理健康主题教育活动的效果。

5. 主题辩论方式

该方式是班主任在实施心理健康主题教育活动时，根据学生容易混淆的问题、范畴，进行正反双方辩论。班主任要提前设置主题，引导学生提前分成正反两方，学生自己找资料论证自己的观点。在实际实施时，学生正反两方对主题展开辩论，还允许其他学生发表意见、补充观点。通过激烈的辩论，学生既弄清楚了那些容易混淆的敏感问题，又培养了是非分明、立场坚定、逻辑严密、论证充分的思维方式，还提高了口头表达能力。专题辩论方式将知识性与趣味性融合在一起，大大激发了学生的求知欲，培养了学生的自信心，促进学生获得发展。

综上所述，班主任选择何种心理健康主题教育活动方式，主要根据主题教育活动的内容与学生的身心特征，以及班主任的喜好等因素。为了提高心理健康主题教育活动的成效，一般结合多种方式一起实施。

拓展阅读：

性侵心理健康主题教育班会活动①

参与人员：七年级1班全体学生、班主任

时间：2023年3月25日

地点：七年级1班教室

1. 活动目的

（1）学生认识什么是性侵害；（2）学生知道防范和应对性侵害行为的主要措施和方法；（3）学生能正确地对待生活中的性侵害事件，培养学生珍惜生命的生活态度，树立自我保护意识。

2. 活动过程

（1）导入课题：谈话导入

（2）活动一：了解性侵害的定义和性侵害的形式

①提问：以你现在的经验来看，什么样的行为才能称之为性侵害？哪些人容易受到性侵害？②学生交流汇报。③班主任小结，性侵害是指非意愿性的并带有威胁性的各种攻击性行为，如强奸、猥亵等。性侵害的对象不仅仅是女孩，也包括男孩。④谈话：课前已布置大家收集性侵害的相关案例，下面请大家在小组内

---

① 心理健康教育防性侵主题班会活动[EB/OL]. https://wenku.baidu.com/view/99699d6b7fd184254b35eefdc8d376eeaeaa17b5.html?_wkts_.

交流自己收集到的案例，小组讨论分析性侵害都有哪些形式。⑤学生小组交流研讨。⑥学生汇报。⑦班主任小结：常见的性侵害主要有暴力型性侵害、胁迫型性侵害、诱惑型性侵害、滋扰型性侵害等形式。

(3) 活动二：了解有关性侵害的法律规定

①谈话：我们国家对性侵害行为有严厉的惩罚规定（课件出示知识链接中的内容），请大家仔细阅读这段文字，说说你有什么收获。②学生交流。③谈话：你还收集到了哪些关于性侵害的法律常识？④学生交流。⑤班主任小结：作为社会生活的弱者——女性往往是性侵害的主要受害者，特别是不满14周岁的幼女，国家以法律的形式给予了明确的保护。另外，同性性侵害的危害也很大……

(4) 活动三：了解“天天提醒”中的相关内容

①谈话：在日常生活中，女性往往是性侵害的主要受害者，我们了解了这么多的防范方法，你认为还有哪些具体的细节需要引起我们注意呢？②学生讨论交流。③班主任小结：衣着打扮要得体，不能太暴露，不要随意显露自己身体的隐私部位，注意适当的遮挡；不和陌生人单独接触；外出时随时与家长保持联系，尽量结伴而行；遇到危险情况及时向路人或警察求助……

3. 活动小结与后续活动

班主任与学生一起总结本次活动的主要内容与主要收获。

课后，学生继续收集相关资料，进一步提高学生防范性侵害的意识和自我保护能力。

主题5

班级社会实践活动的设计与实施

社会实践活动是一种日益重要的班级活动，它打破学校、教室、教材的束缚，引导学生走出课堂，走向社会，了解社会现实，密切学生学习与生活、社会的联系，提高学生对自然、社会和自我的整体认识，丰富学生的学习经历与生活体验，培养实际操作和解决实际问题的能力，增强社会责任感和公民意识，提高学生的综合素质，为未来发展打下坚实的基础。社会实践活动有多种形式。这里主要阐述常用的社会角色体验活动、社会调查活动、社区服务活动及研学旅行活动。

一、社会角色体验活动的设计与实施

社会角色理论认为，通过角色转化，能有效促进角色行为的转化，也就是说，当某人由一个角色转化成另一个角色时，其行为也会随之发生变化，与新角色保持一定的相关性。基于此，社会角色体验活动日益在班级活动中彰显其重要性，成为主要的班级活动方式之一。社会角色体验活动是在班主任的指导下，学生真实地体验现实生活中的某个角色，学习该角色的行为方式，产生与该社会角色相关的情绪体验与行为方式，进一步了解各社会角色之间的相互关系，进而增强自身的角色意识、深化个体的社会体验、提高学生的综合实践能力。班主任如何有效设计与实施社会角色体验活动呢？

1. 了解并选择社会角色体验活动的相关类型

社会角色体验活动类型主要有两大类。其一，家庭角色体验。围绕家庭角色，班主任可以设计“今天我当家”“我当一日家庭小会计”“我当一日妈妈”等社会角色体验活动，引导学生在角色换位的过程中体验、品尝当家长的酸甜苦辣与艰辛，有助于学生更好地理解自己的父母亲。

其二，社会职业角色体验。围绕一些常见的社会职业角色或学生喜欢的社会职业角色，班主任组织学生到角色体验实践基地，学生根据自己选择的社会职业角色，进行上岗操作，体验不同的社会职业角色对从业者的要求。除了去角色体验实践基地进行社会职业角色体验以外，班主任还可以设计“今天我是小交警”“我当小小环保检测员”“我当校长小助理”“我是牙齿小卫士”等社会角色体验活动。在班主任的指导下，学生在扮演小交警、小医生、小发明家、小修理工、小军人等角色的过程中，自然而然地体验到职业安全、职业道德、社会责任感的重要性与价值。

2. 社会角色体验活动的设计与实施步骤

在社会这个大舞台上，每个人都扮演着各种不同的角色并且承担着相应的社会责任。要想成为一个真正的人、一个社会人，就需要人们对自己的角色充满理解并具有强烈的角色意识。社会角色体验活动，是通过学生角色体验或角色换位来实施的。社会角色体验活动的设计与实施过程主要包括以下内容。

（1）明确活动目的、选择活动主题。

（2）做好充分准备，包括选择活动地点、时间、参与人员、准备所用的工具设备及器材、制订活动方案，等等。

（3）具体实施活动，一般按照预先设计的活动方案中的活动过程部分来实施。在具体实施活动中，一是学生了解角色的特点、职责等；二是学生进行角色换位，进入真实情境，亲身体验新角色的行为与生活；三是学生说出自己的角色体验心得，感悟角色、理解角色。在整个社会角色体验活动实施过程中，班主任要根据学生体验情况，及时指导、监督，帮助学生有序开展体验活动，引导学生投入新角色，提示学生角色换位的难点要点，确保活动的顺利实施。

（4）活动总结。社会角色体验活动结束后，班主任总结此次活动的具体情况，肯定活动的优点和成功之处，分析活动存在的问题及其原因与解决对策；表扬在社会角色体验活动表现突出的学生。

3. 社会角色体验活动设计与实施的注意事项

（1）应选择学生生活中比较熟悉且特点鲜明的角色来进行体验活动，如医生、交警、教师、消防员等，有利于学生快速融入角色并把握角色的特点及其行为方式。（2）活动设计应简单明了、易于操作，且有一定的创意性和趣味性。（3）在活动实施过程中，班主任应特别强调角色的社会性，引导学生学会换位思考，促进学生成为社会人，体验不同社会角色，提高社会责任感。（4）如果社会角色体验活动在校外进行，班主任还应特别注意安全问题，对学生进行必要的组织纪律教育和安全意识教育，增强学生的集体观念和规则意识，减少因安全问题带来的麻烦。

拓展阅读：

“我是环保小卫士”社会角色体验活动①

1. 活动目的：通过此次活动，学生能关心自然，具有环保意识；能积极参与

① “环保小卫士”社会实践活动策划方案[EB/OL]. https://wenku.baidu.com/aggs/d9ee9021dd36a32d73758154.html?_wkts_.

力所能及的社会实践活动；养成主动探究的习惯，发展探究能力和创新精神。

2. 活动地点：河边花园、社区、超市广场、教室。

3. 活动方法：通过调查、观察、对比、实地查看、亲自动手等方法。

4. 活动过程的设计与实施如下。

（1）根据活动目的，调研学生意见，班主任确定本次社会角色体验活动的主题为“我是环保小卫士”。（2）查资料、调查环卫工人，进一步了解“环保小卫士”这个角色的社会责任、工作任务、工作价值等，为体验“环保小卫士”这个角色奠定基础。（3）“环保小卫士”走出校门、走进社会，深入调查公园、社区环境遭受破坏的程度，公共设施遭受破坏的现象，设身处地感受到保护环境的紧迫性和使命性。（4）“环保小卫士”走进大自然、走进花园，保护环境，捡拾白色垃圾，为建设整洁家乡贡献一份力量。（5）“环保小卫士”在社区清除小广告，净化社区环境，在实践中培养学生的奉献精神和社会责任感。（6）超市门口的广场是“随手扔垃圾”最为严重的地方之一。“环保小卫士”在广场的各个角落捡拾随手丢弃的烟头、果皮、塑料袋等，用自己的行动向不良卫生习惯告别。（7）召开主题班会，“环保小卫士”进一步加强环保的宣传。

5. 活动措施如下。

（1）班主任认真指导学生的活动，做好内容安排与设计，让学生有收获。（2）学生必须遵守纪律，服从统一安排，确保本次社会角色体验活动顺利开展，确保学生在活动时绝对安全。（3）学生遵守各项规章制度，爱护活动地的花草树木和当地的公共财物。（4）学生加强自我服务管理意识，培养自理能力，锻炼实践能力和合作能力。（5）学生加强生活常规的教育和良好习惯的培养。

二、社会调查活动的设计与实施

作为一种班级社会实践活动的主要方式，社会调查活动是在班主任的指导下，学生就社会中的某一情况、某一事件、某一问题、某一方面，有意识地进行全面、客观、深入的考察和分析，认识社会真实情况的一种活动。学生参与社会调查活动，有利于培养学生的学习意识，增强社会责任感；有助于积极开展理论学习、实践学习、社会学习，养成良好的学习习惯，提高观察能力、分析能力、决策能力。班主任如何有效指导学生参与社会调查活动呢？

1. 确定社会调查活动的目的与主题

社会调查活动的目的，旨在有针对性地调查研究一些社会实践中存在的具体问题，分析其原因，探讨其解决对策。学生参与社会调查活动的范围很广，涉及经济、政治、文化、军事、科技、教育等各个方面，有范畴很大的问题，如“教育改革问题”；有范畴很小的问题，如“学生使用手机问题”。主题的选择一定要贴近学生的现实生活，且是一个真实的社会问题。班主任指导学生尽可能选择自己感兴趣的社会问题或公众普遍关心的社会问题。这样，社会调查活动才有实际意义。

2. 选择社会调查活动的方法

社会调查活动开展的方法有多种，最常用的是参观考察法、访谈法、问卷调查法三种。参观考察法，也称实地考察法，是学生根据社会调查活动的主题，为探明事物的真相、发展情况，实地进行直观的、详细的调查，且在考察过程中随时记录、分析观察到的现象。访谈法，也称深度访谈法。在访谈前，要确定访谈对象与访谈提纲；访谈时，要做好访谈记录；访谈后，要及时做好整理。问卷调查法，重点要解决好问卷的科学编制，问题设置紧扣主题，且数量适中，问题设计简单明了、语义明确，以便选择作答。

在班主任的指导下，学生根据实际情况，选择其中的一种或几种作为社会调查活动的方法。

3. 具体实施社会调查活动

如何实施社会调查活动呢？简言之，就是根据选择的具体方法，是用参观考察法，还是用访谈法，抑或是用问卷调查法，来具体开展社会调查活动。例如，如果采用问卷调查法来开展社会调查活动，则其具体实施过程如下：（1）根据调查目的，设计调查问卷；（2）抽样，选择哪些人作为社会调查活动的对象；（3）给社会调查活动的样本（调查对象）发放问卷；（4）回收问卷；（5）统计、分析问卷数据，为撰写问卷调查报告做好充分准备。

另外，在具体实施社会调查活动时，班主任要指导学生：（1）懂礼貌、守秩序，保持良好的个人形象和班级形象；（2）在社会调查活动中要及时把相关资料存档，如调查问卷、实物标本、录音带、光盘等，尽可能地保留第一手资料；（3）注意安全。

4. 撰写社会调查活动报告

撰写社会调查报告，一是要注意结构完整。社会调查报告一般有固定的结构，包括题目、前言、正文、结语、附录等五部分。其中，最重要的部分是正文。正文主要涉及分析问题、探究原因、解决问题等方面。二是要内容真实。以事实为根据，报告中涉及的人物、事件要真实，事件发生的时间、地点、背景、过程、原因和结果也必须真实。三是要客观。指客观地反映事实、忠于事实，不带有主观随意性。

拓展阅读：

社会撑起爱护伞　少年儿童成长环境的调查活动①

1. 活动目的：通过调查，了解少年儿童成长的环境，了解国家对未成年人的特别爱护，提高自我爱护的意识和能力，提高收集信息、参与社会生活的实力。

2. 步骤一：明确分工，明确任务。全班同学分成4个小组，各组有明确的调查工程，各组选出组长负责此次活动。第一组，调查当地的影剧院、公园、博物馆、纪念馆、文化馆等出售门票是否对中小学生优惠。第二组，走访当地图书馆和少年之家，了解这里为少年儿童提供哪些教育活动，了解其设备、场所是否安全等状况。第三组，调查当地图书和音像市场，了解对少年儿童有益或者有害的图书、音像制品的状况。第四组，调查当地的游戏厅，看其是否有“非节假日中小学生谢绝入内”的告示，调查中小学生进游戏厅的状况。

3. 步骤二：充分准备。各小组商议详细方法；征得家长的支持、提供必要的物质条件；制定安全措施。

4. 步骤三：利用课余时间，分头调查。记录、汇总本组调查状况，由组长整理向全班学生汇报的内容。

5. 步骤四：各组长向全班同学汇报，并在此基础上全班探讨以下问题：(1) 如何充分利用各种对少年儿童成长有利的社会资源；(2) 如何避免少年儿童成长受社会不良因素的侵害；(3) 国家制定法律对未成年人实行特别的社会

---

① 社会调查活动策划方案[EB/OL]. https://wenku.baidu.com/view/743c3aa86adc5022aaea998fcc22bcd126ff428f.html?_wkts .

爱护有什么意义。

6. 步骤五：综合全班同学的调查状况，由班委会整理出简明的调查报告，尤其要对存在的问题提出整改建议，并将调查报告报送班主任。

7. 活动总结：调查活动结束后，班主任总结两个方面：总结好的经验，表扬做得好的学生；后续社会调查活动有待改进的地方。

三、社区服务活动的设计与实施

社区服务活动，指学生在班主任的指导下，走出教室，参与社区服务或社区活动，以自己的劳动满足社区或他人的需要，如公益活动、志愿服务、勤工俭学等，强调学生在满足社区需要的过程中，获得自身发展，促进相关知识技能的学习，提升实践能力，成为履职尽责、敢于担当的人。它是班级社会实践活动的重要组成部分，具有实践性、公益性、多样性等特点。班主任如何设计与实施社区服务活动呢?

1. 了解并选择社区服务活动的相关类型

社区服务活动的种类很多，主要分为如下四大类。（1）社区公益服务类。如敬老活动、助残服务、扶弱服务、便民利民活动等。（2）社区卫生美化类。如清扫社区公共区域、清洁社区公共设施、修葺社区花草树木、铲除社区小广告等活动。（3）社区文化宣传类。制作社区板报，禁毒、普法宣传，文化娱乐活动等。（4）社区教育服务类。如社区辅导活动、社区陋习纠察活动、中小学生假期学习辅导活动、教育科普活动、社区体育活动等。

班主任根据社区的需求，以及学生能提供的服务能力、兴趣爱好特长，综合分析后，选择社会服务活动的类型。

2. 社区服务活动设计与实施的基本步骤

第一，明确社区服务活动目的，选择相应的活动主题与社区服务活动大类。

第二，做好充分准备。首先，学生走进社区，了解情况。社区服务活动，要求学生首先了解服务对象。其次，班主任要帮助学生做好协调工作，联系社区相关部门，安排活动的具体事宜，了解即将前往开展活动的社区的特点、居民构成、位置环境等。最后，指导学生制订活动方案，主要包括活动地点、时间、参与人员、准备所用的工具设备以及器材、预设活动过程，等等。

第三，具体实施社区服务活动。一般按照预先设计的活动方案中的活动过程来实施。班主任应指导、组织学生积极行动，主动参与社区服务活动全过程。

第四，活动总结。一般通过学生写心得体会、举办交流会、举办服务成果展等形式对社区服务活动进行总结。同时，班主任还要组织学生总结活动的经验和教训。

3. 社区服务活动设计与实施的注意事项

第一，社区服务活动要从实际出发，量力而行，符合学生的实际和社区的需求。

第二，合理分工是社区服务活动成败的关键。活动过程中，班主任要及时提醒学生相互配合、取长补短，增强团队意识，提升班级凝聚力。

第三，社区服务活动应根据具体的情况予以调节，在讲究实效的同时，不能加重学生的负担。应根据学生身心发展状况及时调节社区服务活动量与活动强度。

拓展阅读：

“走进夕阳红，亲近老人心”社会服务活动①

1. 活动主题：走进夕阳红，亲近老人心。

2. 活动目的：（1）通过学生自己的努力给老人们带去关爱、快乐和温暖，感受关爱别人带来的快乐和满足；（2）引导学生关注老年人这个群体，培养学生的社会责任感。

3. 活动时间：2023 年 5 月 3 日。

4. 活动地点：夕阳红敬老院。

5. 活动参加者：C 小学五年级 2 班全体学生、班主任、学生家长志愿者。

6. 前期准备：（1）向大队部提出申请，讨论并拟订活动计划，明确项目内容和项目分工；（2）组织班干部到敬老院熟悉路线、地形和环境；（3）联系敬老院主要负责人，洽谈具体时间，协商本次活动的具体安排和相关细节；

① 敬老院的活动策划方案[EB/OL]. https://www.aiyangedu.com/HuoDongFangAn/1514098.html.

(4) 班委会动员全班同学积极参与；(5) 准备活动宣传（海报、横幅等），具体内容由学生负责，打印制作由家委会负责；(6) 学生准备文娱节目；(7) 准备活动设备（相机、旗帜、礼物等），由家委会与学生负责；(8) 准备红领巾50条，每个学生1条。

7. 活动过程：(1) 在校内广场门口集合，清点人数，交代细节；(2) 学生到达敬老院后，在工作人员的带领下参观敬老院，了解敬老院的规模、服务、环境及其他情况；(3) 表演文娱节目；(4) 节目后，学生为工作人员、老人代表佩戴红领巾；(5) 学生代表向老人赠送礼物；(6) 分小组进行劳动，如为老人们剪指甲、整理房间、打扫地板，等等；(7) 合影留念，与老人们告别，活动结束。

四、研学旅行活动的设计与实施

研学旅行活动是由教育部门和学校有计划地组织安排，在班主任的带领下，以班为单位，通过集体旅行、集中食宿方式开展的研究性学习和旅行体验相结合的校外教育活动，是学校教育和校外教育衔接的创新形式，是综合实践育人的有效途径，也是班级社会实践活动的主要方式。显然，开展研学旅行活动，有利于激发学生对党、国家和人民的热爱之情；有利于引导学生主动适应社会，促进书本知识和生活经验的深度融合；有利于从小培养学生文明旅游意识，养成文明旅游的行为习惯；有利于拓宽学生视野，丰富知识，加深与自然和文化的亲近感。那么，班主任如何有效地设计与实施研学旅行活动呢？

1. 研学旅行活动的前期准备

前期准备主要包括两方面。一是班主任的准备工作要做好。例如，是否查阅并熟悉研学旅行目的地的相关资料；是否与家长进行了沟通，明确了安全保障及一些物质准备；是否与学生一起确定了研学旅行活动中应完成的学习任务单；是否与学生一起确定了研学旅行活动计划或方案，明确了活动目的与意义，时间、地点与费用、活动过程、组织形式、注意事项等。二是学生的准备工作要做好。例如，学生是否做好了分组与任务分工，是否对研学旅行活动计划有充分了解，是否做好了相关资料、信息、餐饮、经费等准备，是否与家长做了充分的汇报，等等。

2. 研学旅行活动的实施过程

研学旅行活动的实施过程，就是严格执行提前设计的研学旅行活动计划。在实施研学旅行活动过程中，班主任要充分发挥学生的自主性与积极性，实地探索当地的建筑、器物、人物、景物、美食、风俗、故事等，注重自己的切身体验和学习，发现、挖掘研学旅行活动中所蕴含的意义与价值。班主任的权威作用退居幕后，发挥导学、诊学、助学的作用，确保学生学习任务单上的各项任务在实际的研学旅行活动中都顺利完成。

3. 研学旅行活动的总结

研学旅行活动结束后，班主任总结该次活动的具体情况，评价是否达到预期目标，反思学生在活动过程中的具体表现，肯定活动的优点和成功之处，分析活动存在哪些问题、其原因是什么、如何解决等。表彰研学旅行活动表现突出的学生。

4. 研学旅行活动应注意的方面

班主任在设计与实施研学旅行活动时，除了注意学生的安全以外，还应重点注意以下方面。

第一，注意激发学生的自主性。学生是研学旅行活动的主体，班主任采取有效的举措，激发他们的自主性，相信他们，放手让他们在研学旅行活动中积极地探索与行动。例如，引导学生参与研学旅行活动的设计，学生自主做好研学旅行活动的充分准备。

第二，注意研学旅行活动的开放性。研学旅行活动是带领学生走进大自然、大社会中，追寻古人的足迹，寻访历史文化的遗踪，引导学生从生活世界中选择感兴趣的主题和内容，注重学生对生活的感受和体验，强调学生的合作交流和实践探究等，远远超越了教材、课堂、学校的局限，具有开放性。

第三，研学旅行活动的探究性。研学旅行活动，为学生提供了许多探究、解决问题的机会。研学旅行活动的主题确定，就是学生首先遇到的问题，要求学生善于思考，积极捕捉身边的问题并进行界定、甄别、筛选和整合，才能确定主题。研学旅行活动的过程，就是学生探寻问题、解决问题的过程，需要提取、运用先前储备的知识，用于理解、分析、解决当下面临的现实问题。

拓展阅读：

“品两汉文化，展大汉雄风”研学旅行活动方案设计①

1. 研学旅行活动主题：品两汉文化，展大汉雄风。

2. 研学旅行活动目的：通过研学旅行活动，引导学生亲近自然、走进历史。一方面，学生学习汉代文化知识，接受传统礼仪熏陶，加深自己对中华传统文化的认识和感悟；另一方面，学生了解水土流失的成因、危害和治理办法，深刻认识到保护环境的重要性，培养学生爱护环境良好意识。

3. 研学旅行活动时间：2023 年 4 月 28 日。

4. 研学旅行活动参与者：小学六年级 2 班全体学生、班主任、家长志愿者。

5. 研学旅行活动内容与过程：（1）教授学生学习汉代基本礼仪（拱手礼、相见礼、颔首礼等），沿长安长城墙遗址乘坐仿古画舫，景区工作人员带领学生接受儒家礼教文化熏陶，激发学生求学欲望，做懂礼知礼守礼之人。（2）实地参观“水土保持科普体验馆”，引导学生了解水土流失的成因、危害和治理办法，深刻认识到保护环境的重要性。（3）观看 3D 电影《大汉长安》，登高眺望大汉长安城遗址，引导学生了解西汉的强大与繁荣及大汉长安城的兴衰历史演变过程。（4）参观“大风阁丝绸之路博物馆”，引导学生了解汉武帝时期张骞两次出使西域的路线及沿途所发生的传奇故事，感受汉丝路开拓的伟大和艰辛，增强学生民族自豪感。（5）参观“中国第一古建微雕大师木作展览馆”，提升学生的雕刻艺术审美能力，感受出神入化的雕工技艺和历代能工巧匠的智慧与才干。

---

① 小学研学旅行活动方案[EB/OL]. https://wenku.baidu.com/view/1eaedfeab72acfc789eb172ded630b1c58ee9b05.html? _wkts_ .

专题五

班主任专业成长的主要路径

班主任需要不断学习、修炼和成长，不断提升自身专业水平，从而更好地掌握教育规律和教学方法，有效提高教育教学质量；更好地制定和执行班级管理制度，促进班级和学生管理工作；更好地掌握教育理论和实践技能，提升教师职业素养；更好地展示学校办学理念和教育特色，增强学校教育品牌形象。

主题 1

加强学习

初当班主任，会有手足无措之感，特别希望学习一些带班的经验和方法；随着班主任实践工作的深入，会出现各种各样的问题和困惑，需要得到指导和解决。“问渠那得清如许，为有源头活水来”，读书学习是班主任专业成长的“源头活水”。班主任应根据自己的专业发展阶段和兴趣爱好，有针对性地阅读优秀书籍，走进教育名家的博客，浏览优秀的教育教学微信公众号，自主学习，吸收先进的教育教学理论，就是向不见面的教育“专家”“大家”“名家”“名师”学习，并把学习成果运用到自己的班主任实践和研究活动中。加强学习是班主任进入专业成长之门的钥匙，是促进班主任专业成长的有效方式。班主任如何加强学习呢？这里重点从制订学习计划、选择合适的书籍、充分利用业余时间、加强联系实践与思考、撰写读后感等方面来探讨。

一、制订学习计划

班主任要加强自主学习，首先要制订学习计划。班主任制订学习计划，就是根据自己的工作需求和兴趣爱好，确立在未来一定时期内要达到的学习目标，以及实现学习目标的方案与途径，具体表述自己在未来一定时期内读书的目的、内容和方式安排等。

一般而言，班主任制订的学习计划有三种表现形式。其一，文章式。班主任把学习计划按照指导思想、目标和任务、措施和步骤等分条进行表述。这种形式有较强的说明性和概括性，经常用于时间较长、比较详细的年度学习计划或三年、五年学习计划。其二，表格式。班主任把学习计划以表格的形式进行表述，经常用于时间较短、内容单一或量化指标较多的学习计划。其三，时间轴式。班主任把整个学习计划按照时间轴的形式一一展示，学习内容与进度按照时间先后顺序进行编制。

拓展阅读：

班主任个人学习计划①

1. 学习目标

(1) 促进理论与实践的结合，提高自己的政治素养、业务水平和师德修养，使自己的班主任工作、教育教学行为能更符合新时代的要求，努力成为一名家长满意、学生爱戴的班主任。

(2) 用新思想、新理念指导与反思自己的班级管理、班级建设、教育教学行为，不断更新教育理念，提高创新能力。

(3) 通过学习活动不断提升自己的文化内涵和修养，提高自己发现问题、分析问题、解决问题的能力。

(4) 提高学习的兴趣，让自己与好书做伴、与大师对话，在读书中成长。

2. 学习内容和时间安排

3—4 月：学习《新课程怎样教》(语文)

5 月：学习《有效主题班会八讲》

6 月：学习《班主任最需要的心理学》

7 月：学习《班主任工作漫谈：献给青年班主任》

8 月：学习《今天怎样做班主任：点评 100 个典型案例》《做一个专业的班主任》

9 月：学习《爱的教育》

10 月：学习《教育从爱开始》

11—12 月：学习《名师最有效的沟通艺术》

---

① 班主任个人读书计划[EB/OL]. https://wenku.so.com/d/9eea955cb6dab6c7ef5a9832b77590e1.

3. 学习措施

（1）制订的个人学习计划，符合学校整体读书活动方案打算。

（2）每天保证至少半小时或1小时的读书时间，让阅读成为一种习惯。真正做到静心静神，沉溺于书中，读出意味、读出情趣。

（3）读书与思索有机结合。能边读边想，紧密联系自己教育教学实践、班主任工作实践，读出自己的思索与见解，提高认识，培育自己独特的思维与创新意识。做到在读书过程中，仔细做好读书笔记，及时批注、摘录优秀语段，提出疑问，主动思索，不断提高自己的素养与综合能力。

（4）将读书活动与当前教育改革联系起来，不断提高自己的理论水平和运用理论解决教育实际问题的能力，做到读有所悟、悟有所用、用有所得。

（5）主动和年级组班主任、学科组语文教师、班级其他任课教师互相沟通、互相启发，共同进展，并参加学校组织的线上学习论坛、线下读书沙龙，提高自己的人文素养，培育完善的读书人格，成为有学问、更有文化底蕴的教师。

（6）每学期末仔细撰写一份读书心得或学习总结。

相信通过自己不断地学习，书中的阳光会照亮我的心灵，指引我前进的道路。

张某某

2023年3月1日

二、选择合适的书籍

“人生有涯而知无涯。”世上有各种各样的书：有的不值一看，有的只值看几十分钟，有的可看三五年，有的可保存一辈子，有的将永远不朽。由于精力与时间有限，班主任要选择合适的书来学习，如果把宝贵的人生用于漫无目的的阅读，即使嗜书如命也收效甚微。

选择哪些书籍来学习呢？班主任应在广泛涉猎的基础之上，选择一两个“中心兴趣”，进行大量的、较为深入的阅读；或根据自己教育教学、班主任工作中正面临的需要解决的问题进行定向学习，会收到事半功倍的读书效果；还可通过推荐书目，或听取教育专家和有经验的教师的建议和推荐，阅读一些“一流的书”和“一流作者写的书”。

拓展阅读：

中小学班主任阅读书目推荐①

以下是广东金源学校黄仕英名班主任工作室推荐的关于中小学班主任阅读书目，供我们班主任自主学习参考。

1. 关于班主任专业水平提升的书籍

《班主任工作漫谈》（魏书生）；《班主任工作十讲》（陈宇）；《一个学期打造优秀班集体》（钟杰）；《中小学班级常规管理》（田恒平）；《震撼教育36计》（万玮）；《第56号教室的奇迹》（雷夫）；《班主任如何破解德育低效难题》（赵坡）；《做一个专业的班主任》（王晓春）；《爱心与教育》（李镇西）；《致青年班主任》（张万祥）。

2. 关于班主任有效沟通艺术的书籍

《沟通的艺术》（罗纳德·阿德勒）；《老师怎样跟学生说话》（吉诺特）；《教师怎样说话才有效》（李进成）；《师生沟通的艺术》（屠荣生）；《教师如何与学生沟通》（姜荣奎）；《班主任如何说话》（赵坡）；《名师最有效的沟通艺术》（李燕）；《优秀班主任都是沟通高手》（齐学红）。

3. 关于高效处理班级事务的书籍

《今天怎样做班主任：点评100个典型案例》（王晓春）；《班主任兵法》（万玮）；《给年轻班主任的建议》（张万祥）；《班主任工作漫谈：献给青年班主任》（魏书生）；《爱心与教育：素质教育探索手记》（李镇西）；《做最好的班主任》（李镇西）；《班主任工作新视角》（郑学志）；《优秀班主任教育艺术66例》（陈海滨）。

4. 关于心理健康教育能力提升的书籍

《教育心理学》（罗伯特·斯来文）；《积极心理学》（彼得森）；《教出乐观的学生》（马丁·塞格利曼）；《思考，快与慢》（丹尼尔·卡尼曼）；《做学生最好的“心理营养师”》（梁岗、彭玉华）；《走出迷惘：增强你的人格魅力》（朱建军）；《班主任最需要的心理学》（赵国忠）；《班主任工作心理学》（李健民）。

---

① 【书韵飘香】中小学班主任阅读书目推荐[EB/OL]. https://mp.weixin.qq.com/s/N4dzxp3YOwz5HOihLouVSQ.

5. 关于主题班会设计艺术的书籍

《有效主题班会八讲》（迟希新）；《班会课 100 问》（丁如许）；《让品格同青春一起成长：常态班会课》（孙晓晖）；《小活动　大德育：活动体验型班会课》（李季、贾高见等）；《素材型班会课》（王家文）；《主题班会设计技巧与优秀案例》（李迪）。

三、充分利用业余时间

班主任的工作本来就纷繁复杂，很难抽时间来自主学习。因此，班主任更要学会集零为整凑时间，善于把零碎的时间利用起来用于学习。班主任还可以充分利用周末、假日或寒暑假时间，简化生活，避免时间和精力的无效消耗，腾出时间与精力用于学习。

四、加强联系实践与思考

“学而不思则罔，思而不学则殆。”班主任学习的目的是更好地为教育教学、班主任工作实践服务。学习时，班主任要读懂作者的核心观点和思维表达方式，关注作者分析问题和解决问题的方式，并与自己的教育教学、班主任工作实际结合起来，记录自己的所思所想，在读懂他人的同时发展自己。阅读时，如果书本是自己购买的，班主任可随时把所感所悟记录在书本上。在阅读后，班主任要不断反思，善于汲取他人智慧并运用到自己的工作实践中，提升自身分析问题和解决问题的能力，做到学有所悟、悟有所用、用有所得。通过阅读，班主任完善自己的专业知识结构，促进专业能力的发展，提升班主任工作的质量。

五、撰写读后感

对部分经典的书籍，或与自己工作实际密切相关的书籍，或对自己启示很大的书籍，班主任学习后，还可以撰写读后感，把自己在该书中获得的感受、体会以及受到的教育、启迪等方面写下来，进一步深化学习内容。班主任撰写读后感时，其基本的内容框架与思路如下。

一是简述书本的主要内容，一般包括书名或文章名、作者、出版时间以及内容概要，为后面的议论做好铺垫。此部分要突出“简”字，不能大段大段地表达书本或文章的具体内容。二是亮出自己感受最深的基本观点，用简洁的句子明确表述出来。三是围绕这个基本观点，摆事实讲道理，证明观点的正确性。四是围绕这个基本观点联系实际。这里的“实际”可以是班主任自己的思想、言行、经历，也可以是当前某种教育教学、班级管理的现象。

拓展阅读：

《优秀班主任教育艺术66例》读后感①

自从做班主任以来，越来越认为班主任工作是一门很深的学问。这个月，把陈海滨老师主编的《优秀班主任教育艺术66例》啃完。该书按不同类型的问题汇集了66个教育小故事。在看似平常的一个个故事里，班主任用心对待每一个学生，用心呵护每一个心灵，用心做好每一件事。读后，我感触良多，受益匪浅。

感悟一，要真心爱每一个学生。书中那些优秀的班主任在处理一个个棘手的班级问题时，都是以爱学生为前提的。作为班主任，只有真心爱学生，才会真正平等对待每一个学生，才会想学生之所想、急学生之所急，才会想方设法去教育学生、引导学生、影响学生，才会真正关注每一个学生的健康成长和发展。

感悟二，要善于与学生交谈。书中那些优秀的班主任，每次与学生谈话前，都仔细设计谈话的策略，寻找切入点，预想学生可能的反应，准备好几种应对情况，心中有底之后，才把学生找来谈话。自己在以后的工作中，应事先想清楚，甚至要像备课一样，把自己要对学生讲的内容和可能出现的突发情况及其对策做预案，切不可打无准备的仗。

感悟三，要学会反思。通过学习，我充分地认识到班主任工作的复杂性，更强调针对不同孩子的特点及时有效地变更方法。这就需要班主任经常反思自己的工作，找出更有效的教育方法。

我羡慕并佩服书中那些优秀的班主任，也期待着自己有一天能够真正做到像他们那样润物无声、潜移默化地影响学生。我将继续为之不懈努力。

---

① 《优秀班主任教育艺术66例》读后感[EB/OL]. https://wenku.so.com/d/336b9f22f0b8be5aac639d9d5596d9ba.

主题 2

积极反思

林崇德先生曾说：“反思是用批判和审视的眼光看待自己的思想、观念和行为，并做出理性的判断和选择，从而实现自己思想观念和行为的巩固、完善和变革。”为了促进自身专业发展，班主任应积极反思，努力成为反思型班主任。在不断反思的过程中，班主任不断完善与提高自己，引领学生健康成长，体验职业幸福，保持工作热情。这里主要阐述班主任反思日志的三种类型，具体包括随笔式反思日志、案例式反思日志和主题式反思日志等；班主任反思的主要内容，具体包括反思班主任工作中的“亮点”“不足”“灵感”“再设计”等方面。

一、班主任反思日志的类型

班主任反思的方式有多种，如写班主任工作反思日志、班主任班级管理的案例分析、参加班主任沙龙、行动研究等等。一般而言，最常用的，且不受其他因素影响的反思方式是撰写反思日志。这里主要介绍这种班主任反思方式。反思日志是班主任针对某一次班级活动，或针对某一主题一段时间内发生的事，或针对某个典型的班级管理案例，进行深度反思后撰写的文本。苏霍姆林斯基成为著名教育家的秘诀，就是养成了撰写教育反思日志的良好习惯，并且一记就是 32 年。这 32 年的教育反思日志，让我们得以窥见这位教育家超凡的教育智慧和教育成就。

1. 随笔式反思日志

随笔式反思日志是班主任最基础、最常用的反思方式。它不拘形式，一般没有固定的框架，班主任随时记录自己在班级管理、班级建设、班级活动实践中的所疑、所思、所感、所悟和所获。班主任撰写随笔式反思日志，一般在某个教育教学工作结束后，花10~20分钟，写下自己的经验、体会和感受。

班主任可通过工作小结或随笔的形式来撰写反思日志。班主任实施某个班级管理或班级建设活动后，进行反思，分条目、列提纲记录自己的收获和教训，提出自己的看法和改进的意见。随笔式反思日志不追求内容的完整，不要求一定要形成系统的认识，想到什么记什么，可长可短，自由灵活。

班主任还可以通过回答问题清单的形式进行反思。根据问题清单的提示，例如，“我在本次班级活动中注重引导学生的自主参与了吗”“怎样引导学生的自主参与的”“在引导学生自主参与中存在哪些问题”“如何使学生自主参与班级活动更有成效”等问题，并逐一做出回答。班主任通过反思自己的班级管理行为，更加清楚地认识自己工作的实际情况，并思考、分析如何优化与改进自己的工作。

2. 案例式反思日志

班主任记录一段时间的随笔式反思日志后，经过反思，逐渐找出一些带有典型性、代表性的问题或案例，然后对这些问题或案例进一步思考、探究，形成典型性班主任工作案例。班主任撰写案例式反思日志，通过对来源于现实工作情境中典型案例进行分析，积累、总结在真实工作情景中处理问题的经验和智慧，提高自己的专业发展水平。

班主任撰写案例式反思日志，重点在对典型案例的选择与分析。案例式反思日志的框架主要包括：“发生了什么事情”“出现了什么问题”“为什么发生这样的问题”“采取何种策略解决”“效果如何”“有什么总结与提升之处”，等等 。

3. 主题式反思日志

主题式反思日志是班主任有意识地对某一主题开展较长时间的实践与思考后，形成的工作反思日志。主题式反思日志对班主任的理论基础要求较高。班主任撰写主题式反思日志，可以系统地反思自己的班级管理行为、工作成效、个人的专业发展和信念与价值观，把自己的工作实践与自己的教育理念、信念、价值观联系起来进行思考，不断提高班级管理能力与专业发展水平。

班主任撰写主题式反思日志时，一是应凸显主题、围绕主题，不能想到哪里就写到哪里，应构思缜密，理论联系实际；二是应突出重点，不要面面俱到，不能像记流水账一样，不仅应阐述清楚问题的内容，而且应阐明并凸显自己鲜明的观点；三是应抓住关键、追本溯源、层层深入、切中要害，避免浅尝辄止、隔靴搔痒。

二、班主任反思的内容

班主任反思的内容，大多描述班主任工作中相关的事件情节、对事件做出相应的解释和说明、运用相关教育教学理论分析其原因与影响因素、表述该事件可能造成的影响以及后续采取的改进对策；还可以记录班主任工作中在相关的事件中所学到的东西，并尝试从事件中分析班主任自身的教育信念和价值观；等等。班主任反思的内容，并不是记流水账，而是不断地发现问题、提出问题、分析问题、解决问题，对自身的工作实践进行改革和完善。班主任反思的内容很多，主要包括如下方面。

1. 反思班主任工作中的“亮点”

班主任除了负责对自己的任教课程开展相关教学工作以外，还要全面负责一个班学生的思想、学习、健康和生活等工作。班主任反思自己的班主任工作，首先把自己在班级事务及其管理工作中的“亮点”，即一些成功的做法、有效的策略、好的经验或与别人不同的好做法，进行分析并记录下来，供自己在以后的工作中参考和借鉴，并在此基础上不断推陈出新、不断改进与完善。

例如，某班主任全面反思自己的班主任工作后，认为自己在班集体的组织管理中做得很有成效：在管理班级时，作为班主任，严格要求自己，为学生做好榜样；经学生自愿竞选、全班学生民主评议等环节，建立了一支高素质、有执行力的班干部队伍；组织学生学习并严格遵守《学生日常行为规范》《班级管理规则》，无论是谁，按规章处理迟到、早退、逃课、旷课等违反日常行为管理现象；主动与任课教师、家长的协调工作做得好，有效形成教育合力；等等。

2. 反思班主任工作中的“不足”

包括班主任工作在内的所有教育教学工作都是一门遗憾的艺术。任何班主任，不管是资深的名班主任，还是初入职场的新手班主任，在班级管理中都会出现这样或那样的失误或不足。因此，班主任积极反思自己的班主任工作，一定要对自己工作中出现的失误、疏漏和不足进行回顾、梳理、分析原因、探究改进对策，供以后开展班主任工作借鉴和参考。可见，班主任反思自己工作中的不足或失误，就是自身进步与提升的基石。班主任反思自己工作中的不足或失误，就是一次又一次把工作中的失误变成自己未来发展的财富，一步一步促进班主任专业化发展。

例如，某班主任全面反思自己的班主任工作后，发现自己存在一些问题与不足：不主动与任课教师沟通协调，其原因是自己认为，只要做好自己就可以了，自己努力工作就可以了，却忽视了班级管理与班级发展离不开班主任与所有任课教师的共同协作。只有班主任和任课教师形成教育合力，才能有助于营造和谐的、团结协作的教育环境，教育质量得以提升，学生获得健康发展。

3. 反思班主任工作中的“灵感”

灵感，也称为灵感思维，这里指班主任在班级事务或管理活动中，在某个特定的场合或情景，或一些偶发事件的发生，突然产生的富有创造性的一些灵感火花或智慧火花。班主任应及时反思这些灵感，并把其作为后续继续深层探究的主题。灵感的背后，是班主任对自身职责的热爱，对学生的爱心与守护，对学生仔细地观察与全面地了解。值得注意的是，灵感不是万能的。

例如，某班主任为了解决班上一个男同学早恋问题，全面了解了学生的情况以及事情的来龙去脉。当这个学生焦虑、无助地来到办公室站在班主任面前时，班主任觉得原来的预案不能用了。然后，班主任走上去，拍拍学生的头，微笑着说，“我也有早‘练’的习惯——早晨锻炼。我从小就对女性有好感。我妈妈和我姐姐，给我爱心和很大的安全感”。这样一来，打破了僵局，男学生放下了心中的顾虑和内心的抵触。后来，问题得到圆满解决。

4. 反思班主任工作的“再设计”

班主任还要反思如何改进、优化后续班级事务管理，即对自己后续的班主任工作进行“再设计”或“再优化”。班主任不应满足于自己现有的工作现状，要敢于大胆质疑自己或他人已经成形的班级事务及其管理活动、方法或手段、内容、模式等。班主任反思自身班主任工作，并进行“再设计”，有效提高班主任专业发展水平。

值得注意的是，班主任对自己的班主任工作进行批判性、自省性和反思性思考，不是为了改变而改变，不是为了“再设计”而“再设计”，而是针对具体问题，有针对性地反思“再设计”。这需要班主任认认真真地去梳理资料，兢兢业业地去求证，进行自我突破和自我超越。另外，班主任还要深入学习和领会班级管理新理念、新方法和新举措，不断克服盲目性，摆脱思维惯性，积极做出有益于班主任工作的新尝试和新探索，不断促进自身专业发展。

拓展阅读：

一位六年级班主任的反思①

虽然从事教育教学好多年，带毕业班也不陌生，但今年全镇六年级并校，当班主任还是头一遭。一开始，我压力很大。在过去的两个月里，在学校领导的统一组织、任课老师的大力支持和配合下，各项工作较顺利地进行着。我心中有一些感慨和体会，现将班主任工作反思如下。

1. 增强孩子们的主动参与性

在教育活动中，教师是主导，学生是主体，是班集体的主人，班集体的管理需要学生主动参与。六年级的学生，都是大孩子了，相信他们有能力管好自己。在开学初的时候，我就告诉学生一个星期后选举班委。全镇六年级刚并校，教师和学生之间、学生与学生之间都较陌生。经过一个星期的熟悉，我们进行了班委的选举，全部班干部先由学生自我推荐，再经全体同学举手表决。选出的班干部为班级服务的热忱非常高涨，大家很满意。另外，还制订了我们班的卫生定岗，每个学生都有自己负责的卫生区。特别是班长丘莉，表现出很高的积极性、很强的责任心，工作很出色，受到学生和教师的肯定。

2. 制定班规

在开学的第二周，我根据班级实际，制定了《六（6）班班级管理细则》（以下简称《细则》）。《细则》涵盖的内容很详细，包括学生的学习、生活、安全、活动等。依据《细则》，我绘制并张贴了一张量化管理评分表，对学生的言行举止进行量化管理。我重点指导班干部操作，引导学生学会自己管理自己。

3. 充分调动学生互帮互助

因为并校，班上学生来自不同的学校，学生程度参差不齐，单靠教师的力量远远不够。于是，我一开始就制作了各种表格，鼓励孩子们从各个方面比、赶、

① 班主任工作反思[EB/OL]. https://www.ruiwen. com/word/banzhurengongzuofansi.html.

超。结合学习程度，分成学习小组，学习优秀的学生担任小组长。在学习上，以小组学习带动组内每个学生的学习积极性，并引导学习好的学生帮助学习较差的学生学习。同时，引导每位学生增强小组集体荣誉感。两个月来，由于小组学生之间的相互帮助学习，各科教师的补习任务轻松了很多。各小组长又组成班里学习标兵组，成为班里学习的先锋和榜样。学习标兵组的好学，带浓了全班的学风班风，全班学生的学习效果初显成效。在第一次语文、数学、英语测试中，大部分同学有较大的进步。

4. 充分发挥班会的作用

六年级学生正处于小学与初中的过渡期，有的学生还很叛逆。如何更好地和他们沟通，进行必要的引导就显得尤为重要。我利用一些零碎又不影响学科学习的时间，开短小精干的班会，取得了良好的效果。不必长篇大论，只结合实际，把及时发现的不良苗头一针见血地指出来，对事不对人，进行警示性的引导教育，往往能把一些影响班风、学风的不良思想消灭在萌芽阶段。

回顾两个月的班主任工作，有甜酸苦辣，有喜怒哀乐，让我的教学生活多姿多彩，让我积累了经验，更加认识到班主任工作的重要性。虽然我很努力，但是很多工作没有及时处理好，如寄宿生的生活指导、部分班干部的工作方法指导、课后服务工作的加强，等等。今后，我在总结经验教训的基础上，在实践中不断探索，努力做学生喜爱的班主任。

主题3

参与班主任培训

随着社会的发展和教育教学改革的不断深化，班主任专业化发展迫在眉睫。各级教育部门对班主任培训非常重视。每年以提升班主任专业素养为主题的国培计划、省培计划、市级培训等轮番上阵，线上线下班主任专业成长的专家讲座、名家指导、经验分享、交流讨论开展得如火如荼。班主任参与培训是促进班主任专业水平向纵深、可持续性发展的关键手段，是教育教学能力向质的飞跃发展的重要途径。这里主要阐述班主任参与培训时，如何选择合适的培训方式与培训内容，以及从提高主动参与性、加强“术”“道”相结合、加强“听进去”与“输出来”相结合等方面来提高培训的成效。

一、选择适合自己的培训内容

班主任培训的内容是整个培训的核心部分，是决定培训效果的主要影响因素，对培训目标达成具有举足轻重的作用。一般而言，班主任培训的内容主要涉及如下几大模块。在参与培训时，班主任根据自己需求，选择适合自己的培训内容。

1. 师德师风的内容

立德树人是包括班主任在内的所有教师的初心与使命，社会对班主任师德师风、职业道德等方面有很高的要求。因此，班主任参加培训时，要加强师德师风的学习。班主任要学习习近平新时代中国特色社会主义思想、党的二十大会议报告，《中小学教师职业道德规范》《新时代中小学教师职业行为十项准则》等，提高自身思想政治、职业道德素质，切实发挥班主任在学生思想道德教育中的主导作用。

2. 班主任专业理论的内容

班主任工作具有独特性，班主任专业有它特有的理论体系，班主任自然要学习班主任专业理论。现实中的班主任，职前培养阶段没有进行过专门的班主任系统理论学习，班主任专业化理论近年来有了较大发展。因此，班主任参加培训时，要加强班主任专业理论的学习。班主任学习班主任专业理论，有助于更新班主任专业知识与管理理念等，增强职业认同感与职业幸福感，唤醒教育情怀，加快班主任专业成长步伐。

3. 实践操作的内容

班主任培训是为了胜任班主任，做好班主任工作。因此，班主任参加培训时，应学习大量的实践操作性的技能和方法。实践操作的内容、形式是多方面的。根据班主任工作的需求，一般从班级管理、教育教学、青少年儿童心理等维度出发，为班主任量身设计一套既专业又实用的培训课程体系，班主任基本能力训练课程、班主任心理健康课程、班级活动策划与实施课程、班干部培养课程、家校高效沟通课程等，帮助参训班主任掌握解决班级管理常见问题的方法，以便顺利开展班级管理工作；同时引导班主任涵养积极心理，打造幸福班级。

4. 分层级培训的内容

根据班主任职业生涯，将班主任划分为适应期的新手班主任、拥有一定经验的成长期班主任、取得一定业绩的骨干班主任、从骨干班主任中发展而成的专家型班主任。班主任参加培训时，正确认识自己是处于哪种层级的班主任，选择相应的培训内容。

一是新手班主任的培训内容。主要针对职业道德教育、掌握履行班主任岗位职责必备的知识和技能，其目的是使新手班主任树立班主任职业道德规范，提高心理素质，掌握班级管理和学生教育的基本理论与方法，学会班主任工作的基本要领和班集体建设的基本做法。

二是成长期班主任的培训内容。主要注重新理念新知识新技能的学习、道德修养提升、理论水平提高和管理经验交流，开始注重教育科研的培训，以进一步提高班主任的能力和水平。

三是骨干班主任的培训内容。主要针对班级管理理念和思路的创新、职业道德建设、理论水平提高和管理经验的提升，不断提高他们的科研意识和科研能力，提高他们的反思能力和自我发展能力。

四是专家型班主任的培训内容。主要针对提升教育理论素养，指导总结经验，提炼、升华为教育理论，形成教育特色和风格，为班主任搭建能力展示的平台，引导专业素质全面发展，成为教育专家。

二、选择适合自己的培训方式

班主任培训方式是培训的重要方面，是决定培训效果的主要影响因素。班主任培训方式有不同的分类标准，从而呈现出不同的方式。这里，按培训所在的位置来分类，是否在校内、校外还是线上，把班主任培训分成校内培训、校外培训、线上培训。班主任在参与班主任培训时，根据自己需求与学校的要求，选择适合的培训方式。

1. 校外培训

校外培训，简言之，就是班主任外出参加的培训。2021 年 5 月，教育部、财政部颁布了《关于实施中小学幼儿园教师国家级培训计划（2021—2025 年）的通知》，明确了“十四五”期间“国培计划”实施思路、支持方向、工作重点，同时也为各省指引了教师在职培训的方向、思路、工作重点，辐射带动省、市、县、校级教师培训，实现教师培训全覆盖，充分发挥对教师的专业引领作用，共同推进教师培训提质增效，助力班主任提高专业水平，促进班主任队伍高质量发展。

班主任校外培训，以国家财政部出资的国家培训（国培）与省财政厅出资的省级培训（省培）两类培训最齐全、最完备、最正式，对提升班主任专业化发展水平作用最为显著。尽管国家培训与省级培训这两类在职培训的侧重点不同，但其目的与功能一致，班主任要积极申请参加。

班主任参加的校外培训，除了政府举办的国培、省培、市培以外，还有很多其他组织举办的培训与学习。例如，参加德育工作论坛，参加一些学会、期刊（如《班主任》期刊）主办的各种班主任论坛、沙龙；还包括班主任在学校的组织下，走入名校，走近名师，观摩班级管理、班级活动等，班主任亲身感受其他学校优秀班主任身上所迸发的激情，近距离学习他们的班级管理思想和技巧，提升班主任专业水平。

2. 校内培训

校内培训，简言之，就是班主任在本校内参加的培训。校内培训主要是充分利用教研员、学校校长、教导主任、名班主任、优秀教师等“校内专家”的优势与作用，开展集体听评班会课和班级活动，进行主题研讨或班级管理经验交流等活动，重点帮助班主任解决具体的班级管理问题，提升他们的专业发展水平。

一些学校实施的“青蓝结对共成长工程”“课例研讨共提升工程”“班主任说做评研改一体化工程”“名班主任工程”加之“三个一”活动（每学期上一节班会公开课、做一次专题讲座、组织一次班级活动研讨）等，都属于校内培训。

另外，一些学校实行班主任导师制，优秀的资深班主任对新手班主任进行专门的、有针对性的指导，手把手做好传帮带与新手班主任的跟岗实训；成立班主任工作室，如医生会诊般，分析班主任工作中的困惑和问题，在工作室集思广益进行解决；定期召开班主任例会，了解最新的教育动态，学习先进的班主任工作思想观念与技巧等；聘请校外教育专家、外校优秀班主任来校内开展讲座；等等，这些也属于校内班主任培训。参与这些校内培训，多角度提升班主任的理论和技术水平，促进班主任的专业成长。

3. 线上培训

随着信息技术的大发展，“互联网+”班主任培训因自身独特的优势，成为新的培训潮流，几乎所有的班主任都参加过这种方式的培训。线上培训就是凭借先进的网络技术，进行知识传播和知识学习的新型培训方式。其优势在于网络的开放性有助于班主任打破时空的限制，自主学习，减少工作和学习的矛盾；网络的个性化和快捷性有助于班主任培训提高实效；网络的互动性有助于丰富班主任培训方式。

班主任根据自己的需求，自主选择合适的线上培训平台，如全国中小学教师网络研修平台、中国教师发展网、全国中小学教师继续教育网、教师网络培训和服务平台等。班主任可根据个人兴趣、工作需要，自主利用网络教育资源，选择培训课程与内容，促进自己专业发展水平。

三、参加培训应注意的方面

班主任在参与班主任培训时，要注意以下方面。

1. 提高主动参与性

近年来，为促进包括班主任在内的教师专业发展，国培、省培、市培、校培等各级各类有组织的培训开展得如火如荼。但是，再有声有色的班主任培训活动，班主任如果以被动状态去参加，则在培训中很难获得主动学习、探究的快乐；消极地参加培训，永远不可能把他山培训之石转化成自己的知识宝藏。因此，班主任参与培训时，一定要充分发挥自己的主观能动性，积极主动地与培训专家进行互动，带着问题，以对话的姿态去聆听、去反馈、去记录、去思考。

班主任应转变对待培训的态度，改变“你说我不听”等现象，抱着积极主动、开放的心态接纳培训的内容，积极地参与培训的互动沟通，积极完成培训作业。当班主任参加培训活动时，要有意识地把自己的所思所得，合理、科学地进行梳理，清晰、准确地进行阐释，就是在不断加深对自我教育行为的思考；班主任在培训活动中得到的正向或负向的反馈，能促进自己不断调整自己的工作实践，促进自己深入学习。

具有较强主动参与培训意识的班主任，还会跳出学校固有的培训安排，自主地、自助式地去寻求培训资源。例如，《班主任之友》杂志社的公益论坛，每届参与培训的班主任很多，这与杂志社的认真策划、专家的倾心支持有关。更重要的是，这么多班主任主动来参加这种非体制内的非强制安排的培训，说明相当多的班主任有强烈的主动参与培训的意识，对自己有更多的成长期待！

2. 加强“术”“道”相结合

班主任在参加培训时，经常会听到一些评论，例如，“这次培训很实在，很有操作性，‘干货’满满”，或者“这次培训一点用都没有，全是高大空的理论”。一般而言，绝大多数一线班主任迫切希望能从培训中收获一些回去就马上管用、马上能用的“可操作性做法”“法宝”“招数”，即“术”。这当然无可厚非。不可否认，部分培训专家来自大学教授，从某种意义上而言，相对缺乏基层教育实践，侧重阐述理论观点，再好的“道”也难于落地。班主任参与培训，要提高培训成效，更好地促进自己专业发展，必须“术”“道”相结合。

事实上，“道”（理论）与“术”（招数）是不可分离的，是应该密切相结合的。由于对象不同、情境不同、时机不同，对别人很有成效的“招数”，自己生搬硬套过来，都可能导致“招数”失灵，出现“南橘北枳”现象。造成这种现象的主要原因，在于没有领会“招数”背后蕴含的教育规律和理论，即“道”。因此，班主任在参加培训时，应“术”“道”相结合，鱼和熊掌兼得。

一线班主任，基于解决具体的教育问题的需要，更关注“术”，在培训中能学“几把刷子”“招数”，对于提高班主任工作的实效性很有帮助。但是，如果缺乏理念和理论引导，会导致班主任长期停留在事务性的工作上，难以对班级管理有整体的建构和规划。因此，班主任在参加培训时，更要重视“道”，要对规律、理论有较强的敏感性和开放度，不要片面地排弃理论，应该学习掌握相关理论来指导自己的教育实践。这样才会在实践上减少出错、避免单调重复，从而在实践操作上能举一反三，事半功倍，获得更大的发展。

3. 加强“听进去”与“输出来”相结合

很多学校经常会用学期初或学期末的时间，集中几天开展班主任培训，或派班主任外出集中几天参加培训。班主任参加培训的一般做法主要是听专家讲座，讲座的形式一般是“我说你听”，有时为了体现互动、避免沉闷，会增加一些“小组交流”“现场观摩”等活动。几天下来，培训结束了，学分拿到了。然而，回归具体班主任工作后，往往是“听得激动，回来不动”。

如果班主任参加培训仅止于听课，那么培训的目的只实现了很少很少的一部分。班主任如何在听课的基础上，把听课的内容掌握内化成自己的认识，并指导以后班主任工作实践，或变成可视化的文字、物化的精神产品，把培训听到的内容再转化“输出来”，才能真正实现培训的目的与功能，促进班主任专业发展。

拓展阅读：

参加班主任培训的感悟①

广东省中山市小榄镇第一中学的曾飞虎老师参与的班主任培训较多，从校级、镇级，到县级、市级，再到省级，最后到国家教育部级别。以下是他参加班主任培训的感触与感悟。

1. 培训重在启迪班主任寻找自己的发展方向

“我第一次认识到班主任是分各种类型的，放手型、老黄牛型、自主管理型、润物无声型、激情型……每一位班主任应当结合自己的性格特点，结合自己的教育背景，结合自己的教育理想，去寻找属于自己的发展方向。”这是我当时在班主任培训日记里记录的。

至今，我非常感激这位专家带来的这堂培训课。他第一次带我打开了班主任发展方向的视野。原来，班主任不只是按照学校要求完成工作，更不只是简单地完成工作，还要思考自己的工作风格、带班特色以及班级管理所体现的教育追求。

---

① 曾飞虎. 我的班主任培训日记［J］. 班主任之友，2021（1）：16－17.

当时，以及现在，我都认为这就是最好的班主任培训，给参与培训的班主任带来真正的启迪，并指出未来的发展方向。真正的启迪是不容易做到的，因为它要求培训主题和内容要有理论高度，又要贴近实际；要有针对性，又要有操作性；要触动人心，又能指明方向。

2. 系统培训是保证班主任培训质量的关键

“这是一次真正富有成效的培训。从大局着眼，从细节出发，从方法入手，一个班主任应该具备的知识结构都有涉猎，一个班主任应该了解的努力方向都有讲解。”这是我在华中师范大学班主任培训后的感言。该次培训由中山德育专家廖诚老师及华中师大杜时忠教授共同策划，历时一周，共约10个培训专题，遍请名师，取得斐然成效。

这次培训给我最深的印象就是专业，体现在系统化上。以德育的发展方向开篇，到细致深入认识班主任的职责，到班主任工作的实践，到班团活动课的设计，到德育课题的研究方法，到班主任心态的调节，到学生心理健康的关注，到校园文化的构建，最后以未来人的成长结束，个个专题富有特色，每位名师倾情奉献，参训的每一个班主任都有焕然一新的感受。这样的班主任培训有内在的逻辑，环环相扣，凸显出缜密严谨的系统化的特点。而系统化的培训课程能让参加培训的班主任对班主任工作有一个全面而清晰的认识。这对班主任的成长有非常明显的效果。

3. 多读多写是升华班主任培训的唯一途径

“一周内完成10篇学后反思，这个压力真的有点大。如今真的写完了，我感觉自己真的上了一个新台阶。希望自己能坚持下去。当我‘被逼’写到第十篇的时候，一切都变得轻松起来了：思路开了，写得快了，热情来了……”这是我参加教育部组织的班主任培训后的日记。

班主任培训如果仅止于听课，那么培训只完成了很少的一部分。参训后，一定要坚持学习。坚持学习，我认为最重要的就是读和写。“学而不思则罔，思而不学则殆”，思与学之间的桥梁则是写。综观那些名班主任的成长之路，读书、写作是他们的共性。坦率地讲，参加培训后，我从没有想过能在三个月内写下近40篇的文章，并有两篇连续发表在我们《班主任之友》上。这就是我参加班主任培训，将学到的内容，经过自己内化、升华再创造出来的成效。

写作是班主任参与培训获得自身发展与升华非常重要的方面。

最后，我想说，想要班主任工作真正高效、省力，乃至富有趣味性，积极参加班主任培训，进而提高自己的专业水平是最好的办法。班主任培训需要你我更努力地参与！

主题 4

参与班主任工作坊研修

工作坊最早可追溯至20世纪初。班主任工作坊是当前备受关注的一种崭新的班主任研修模式，是一种以促进班主任专业成长为目的的学习型组织和共同体，具有“小规模、师徒传授、同伴知识分享、重视实际能力提升”4个明显的特点。班主任工作坊研修，旨在引导参与研修的班主任结合当前实际工作，通过理论学习、现场观摩、案例研究、读书沙龙、论文撰写、课题研究等形式，认真思考和分析面临的问题和困难，积极探索改革优化对策，有效提高班主任专业化水平、促进班主任队伍专业化发展。这里主要阐述班主任参与工作坊研修的四大实施步骤：共同阅读，奠定基础；专家引领，资源共享；现场观摩，集体探究；研究课题与写作，深化内涵，以及班主任参与工作坊研修应遵循的五大基本原则：实际情况与问题导向相结合、理论与实践相结合、合作和分享相结合、接受专家指导与自己独立探索相结合，以及轻松、快乐与丰富、有意义相结合的原则。

一、班主任工作坊研修的实施步骤

班主任工作坊研修在实际中是如何具体实施的呢？这里主要引用江苏省常州市武进区横山桥高级中学陈颖和万庆东老师的观点，主要通过如下四大步骤来具体实施。

1. 共同阅读，奠定基础

毋庸置疑，阅读不仅可以提高班主任的理论、思想、认识境界，而且可以升华班主任工作的境界。工作坊开展的研修活动，首先就是班主任共同阅读。工作坊成立读书会，订阅了《班主任之友》《中小学班主任》《新班主任》等杂志，购买了大量有关教育学、心理学、班主任工作等领域的书籍，提供给参与研修的班主任阅读学习。每月、每季度或每学期推荐一两本当代教育名家与一线名班主任的著作进行精读，还可以购买中国知网的阅读卡，尽可能地拓展班主任的阅读范围。工作坊围绕精读的教育专著开展读书会或读书沙龙等活动，交流班主任撰写的读书笔记、读后感，交流班主任读书的所惑、所感、所获、所悟。无疑，班主任在工作坊研修中加强教育教学理论学习，不仅能为优化班级管理与建设、教育教学实践奠定坚实的理论基础，而且能有效提升自身的专业化发展水平。

2. 专家引领，资源共享

班主任工作坊与教育专家以及其他班主任工作坊、名优班主任工作室建立了良好的交流互动关系。班主任工作坊有计划、有组织、有目的地邀请教育专家、名优班主任来开展学术讲座、学术沙龙等活动，充分发挥专家引领的作用。例如，明德班主任工作坊邀请常州市特级班主任陆金老师给参与研修的班主任开展精彩的讲座，邀请班主任工作专家张艳华老师分享开展主题班会的经验等。在专家的引领下，参与工作坊研修的班主任不断增强主动发展意识，进一步研讨专家指导的内容，有利于促进资源分享与共享，有利于促进班主任个体和群体的共同发展。

班主任工作坊还鼓励参与研修的班主任主动走出校门，积极参加省、市、区级的名优班主任工作室开展的活动，与其他学校的班主任交流沟通。依托省、市、区与学校的力量，班主任工作坊鼓励、支持班主任外出学习，如参加全国名班主任研修班培训等。这些培训为班主任工作坊研修注入新鲜的血液与活力。班主任外出学习后，积极撰写培训或学习心得体会，主动在工作坊中分享自己的感受、经验及各种资源。因此，在班主任工作坊这样的发展共同体中，各个参与研修的班主任能彼此分享与共享资源，形成合力，有效促进班主任在专业化发展的道路上一起走得更快、更远。

3. 现场观摩，集体探究

每月、每季度、每学期，班主任工作坊都会按计划、有组织地开展现场观摩活动，内容包括班级活动课、主题班会、班级文化建设、班级日记、班级制度建设、成果分享，等等。参与工作坊研修的班主任互相观摩学习，客观评价所观摩的活动，学习彼此的活动策划和创意，从而提升自身的班级管理、班级建设等策划、组织与实施能力，促进感性认识上升到理性认识。

班主任工作坊开展集体探究，是促进班主任进步、成长的动力来源。参与工作坊研修的班主任，主要探究以下两个方面的内容。一是班主任工作中的具体案例。班主任以案例的形式将自己在班级管理过程中遇到的问题写下来，全体成员一起对该案例进行多维度的分析和解释，探求最合适的解决策略。二是围绕每学期确定的主题展开主题研讨与探究。班主任工作坊每学期都要集中研讨某些主题，如“主题班会的有效开展”“生命教育”“班级文化建设”“学生心理健康”“班集体组织建设”等等。每个参与工作坊研修的班主任都要限时预约发言和自由发言相结合，引导每个人都能够自主、高质量地参与。班主任充分利用研修中探究得出的结果，指导自己的班主任工作，并在实践中不断优化。

4. 研究课题与写作，深化内涵

班主任工作坊还围绕班级管理中的难点、热点和重点，以及结合参与研修的班主任自身的特点与喜好，鼓励、支持课题研究。工作坊邀请专家进行相关培训。专家对课题研究的方法和途径，以及如何积累和提炼相关资料进行细致而全面的指导，并对课题研究的准备和后继工作做详细部署，有助于参与研修的班主任能明确课题研究的思路与方法，增强信心，积极开展课题研究。在专家的帮助下，参与研修的班主任根据自己的工作实际，确定“基于发展学生核心素养的德育创新与实践研究”“构建新型师生关系的途径研究”“混合班级管理的有效性模式研究”“新时代班主任工作策略研究”“初中生诚信教育实践研究”“班主任职业幸福感提升策略研究”等课题主题。工作坊还针对课题研究的不同阶段，选择相应的研讨主题，组织相关班主任展开热烈的研讨活动。通过研修，每个班主任都有机会成为课题的设计者、组织者和实践者。班主任开展课题研究，标志着班主任的专业化发展进入一个新的发展阶段。

班主任工作坊还关注引导参与研修的班主任学会写作，这是班主任实现专业化成长的一个必经途径。班主任写作一般主要涉及案例分析、教育反思、教育叙事和随笔等。工作坊会定期邀请专家开展写作指导。逐渐地，参与研修的班主任养成注重实践积累、善于分析的好习惯。参与研修的班主任都积极在博客、公众号、专业论坛上发帖，记录自己的班主任工作经历，分享自己的班主任工作经验与教训，还有部分班主任的相关论文在学术期刊上发表与获奖。

二、班主任工作坊研修应遵循的基本原则

如何充分发挥班主任工作坊研修的独特作用，大力提高工作坊研修成效？主要遵循以下基本原则。

1. 实际情况与问题导向相结合的原则

每次工作坊研修主题都来源于班主任工作实际，针对性强，需要解决的问题主题鲜明、小而具体。在研修中，要引导班主任分析实际情况，透过现状看问题，注重发掘班主任日常班级管理、教育教学中经常碰到的棘手问题，对问题进行深入思考和挖掘，围绕问题解决展开“头脑风暴”，弄清所面对的问题背后“是什么”“为什么”和“怎么做”。通过交流和互动，每一个参与研修的班主任都能得到问题解决方案，极大地调动了班主任参与研修的积极性和自主性。

例如，在班主任工作坊研修中，针对部分班主任反映“班级太乱”“学生不良行为太多”等问题，经过班主任们研讨与分析，得出这些问题背后是班主任对班级集体教育价值的忽视，班主任班集体建设能力的欠缺，这是弄清问题“是什么”和“为什么”，再深入分析，弄清“怎么做”，如培养班干部、指导学生进行常规管理、提高学生的自我管理能力，等等。

2. 理论与实践相结合的原则

班主任工作坊是由教育专家、中小学名优班主任与一线普通班主任组成的学习共同体组织和专业成长团队。在这个学习共同体中，有教育研究者、中小学名优班主任，能够有效为一线普通班主任提供一定的理论与实践指导，为遵循理论与实践相结合的原则奠定了基础。同时，工作坊研修以班主任工作中的实践问题和困惑为导向，有助于理论指导实践、理论与实践结合，能有效解决班级管理、班级建设等实践问题，提升班主任专业能力。

3. 合作和分享相结合的原则

在班主任工作坊研修中，教育专家、名优班主任等专家团队带领一线普通班主任，通过彼此之间的交流互动、合作学习，分享教育智慧，促进班主任专业成长。这不只是“专家讲，班主任听”，也不是班主任听得“饶有兴趣”、听后“束之高阁”。更重要的是，班主任“带着问题和困惑”参与研修，在专家团队的指导下，所有工作坊成员都必须分享问题分析的视角和解决问题的方法，相互学习和反思，在分享彼此经验和了解他人的行动策略的过程中发现差异，增长工作智慧。

在班主任工作坊研修中，存在着开放、坦诚、分享的文化氛围，工作坊成员集思广益、共商对策。工作坊能给参与研修的班主任一种“家”的安全感和归属感，班主任敢于暴露自己的能力短板和思想困惑，敢于求助和向他人学习。在工作坊举办的形式多样的研修活动中，遵循合作和分享相结合的原则，班主任才能获得有别于自学、听讲座、看视频等其他专业成长方式不同的成长体验。

4. 接受专家指导与自己独立探索相结合的原则

班主任工作更多地体现在“做”或“实操”上，指导班主任从“做中学”，从“事上磨炼”，这是班主任工作坊研修取得实效、班主任专业能力得以提升的关键。因此，班主任在参加班主任工作坊研修时，要遵循接受专家指导与自己独立探索相结合的原则。

班主任面对班级教育和管理活动工作中的问题和困惑，难以依靠自身力量解决，需要得到工作坊专家团队的指导与帮助。专家团队认真梳理问题、分析问题、解决问题，对班主任有针对性地帮助和指导。专家团队指导后，并不是一了百了，而是进一步要求班主任开展相应的实践活动以及后续的研讨活动，对活动存在的问题进行再指导，逐步改善和优化班主任的后续的实践。

例如，有的专家在班主任工作坊上系统阐述了“与学生沟通的有效技巧”的专题后，进一步布置作业，要求参与研修的班主任至少开展一次与学生的谈心活动或其他沟通互动的活动，并录制下来。在后续研修中，班主任、专家一起讨论活动中做得好的地方、有待改善的地方，以及如何进行进一步优化等。

5. 轻松、快乐与丰富、有意义相结合的原则

班主任工作是最烦琐、最辛苦、消耗最大的工作，班主任是最容易倦怠的

教师岗位或角色。因此，班主任工作坊研修应摒弃传统刻板的“以累打累”的专业发展方式，遵循“轻松、快乐与丰富、有意义相结合”的原则。通过班主任工作坊研修，不断激活与滋养班主任的积极情感，不断唤醒与提升班主任的积极性。在班主任工作坊研修中，要给班主任创造轻松、丰富、多元的氛围，以及进行情感交流的情境，引导班主任放松身心，学会享受群体中的互动与合作，不断找回自我，发展智慧与德行，提升职业认同感和幸福感，提高专业发展水平。

拓展阅读：

班主任工作坊研修活动方案①

1. 研修目标

班主任工作坊研修活动的基本目标是“提高班主任专业化水平、促进班主任队伍专业化发展”。具体目标是，两年内部分工作坊成员在德育教育领域成为我校乃至全区、全市的班主任带头人。参与班主任工作坊的班主任的研修目标，是必须努力学习专业理论并在实践中不断提升自己的理论水平，每年至少撰写一篇有价值、有水平的德育论文，参与工作坊确定的课题研究和日常教研活动。

2. 研修任务

（1）加强师德建设。班主任工作坊成员要在师德方面率先垂范，通过言传身教带动校内班主任提升道德修养和学识水平，增强担任班主任的职业认同感和荣誉感。

（2）承担校级或区内班主任的培训和指导工作，成为骨干班主任成长的摇篮。

（3）通过班主任工作研讨、班会课备课与观摩研讨、教育案例研讨、课题研究及讲座等形式，引导校内班主任的专业提升。

（4）开展班主任工作课题研究。在一定的周期内，完成有关班主任工作的课题研究，有较高质量的研究报告、专业论文。

（5）围绕社会主义核心价值体系建设，破解新形势下班主任工作的难点问

① “班主任工作坊”活动方案[EB/OL]. https://wenku. so. com/d/49cd8d6e1491550677d1121e71da23f8.

题。开展班团队组织建设、文体娱乐、社会实践等形式多样的班级活动，促进全校班主任专业发展和自我成长。

3. 研修主题

（1）班级常规管理。包括设计和优化班级环境、选拔和培养班干部、班风及班级文化建设、民主和自主管理、班级卫生和纪律管理、学生学习兴趣的培养等。

（2）特殊学生的教育。包括单亲家庭学生、早恋学生、学困生、特殊学生的教育及特长生的培养等。

（3）新生和毕业班学生的教育和管理，包括新生和毕业班学生的动态管理、思想品德教育等。

（4）班级活动创新，包括主题班会、养成教育、感恩教育、安全教育、心理健康教育、文明礼仪教育、社会实践活动的开展、实施及管理等。

4. 研修方式

以“自主研修—专家引领—问题探究—同伴互助—交流观摩—实践反思”为基本的班主任工作坊研修方式。

（1）专题讲座：邀请在班主任工作领域从事科研及管理实践的专家、资深优秀班主任为工作坊的顾问，以提升专业引领水平，切实提高学员的业务能力。

（2）研讨活动：定期组织参加各项教育教学研讨活动，如研讨会、交流会、专题讲座、班会示范课、说课、评课等。班主任一起或单独开展问题探究、同伴互动、交流观摩等活动。

（3）实地观摩：到德育先进学校、班级实地观摩优秀班主任的主题教育或班会示范课。

（4）课题研究：结合并反思班主任工作的实际，围绕课题项目进行科研，每个参与研究的班主任最终形成一个子课题的研究，形成论文或研究报告，优秀成果在相关杂志发表。

（5）学术成果：通过课题研究、发表论文、案例、成果展示等方式，提高参与工作坊研修的班主任的研究能力与水平。

5. 研修实施

（1）研修实施参与人员：本校的青年班主任，建立班主任工作坊研修工作微信群或 QQ 群。

（2）研修实施时间：每月活动1～2次。

（3）研修实施地点：金坛区华罗庚实验学校新城分校。

（4）研修实施要求：一是参与工作坊研修的各班主任围绕着“班级管理”这一主题，每次活动选择一个或几个话题谈谈自己是如何开展工作、取得的成功经验及存在的困惑。二是针对每次班级管理论坛，每个班主任必须认识到位，高度重视，认认真真写好特色经验交流材料，题目自定。材料必须理论联系实际，既有理论依据又必须有具体做法，有鲜活的案例作支撑，案例必须是自己的经验，反对假、大、空，更反对敷衍塞责、不认真准备，特别禁止抄袭他人文章。

主题5

撰写班主任工作相关论文

英国思想家培根提出：“阅读使人充实，写作使人精确。”撰写班主任工作相关论文，是班主任对班级建设、班级管理等智慧的结晶，是对相关经验的提炼与升华。撰写班主任工作相关论文，不是一蹴而就，而是一个“上下求索”的过程，也是“路漫漫”的过程。班级管理类论文、教育叙事、班主任工作反思、班级活动设计、德育小故事等形式的文章，都属于班主任工作相关论文。这里主要从促进班主任工作实践的优化提质、促进班主任自我成长、促进班主任提升幸福感获得感等方面阐述班主任撰写相关论文的意义与价值，明确写论文的重要性，以及从论文选题合适、论文结构齐全、论文论证科学、注重论文修改等方面阐述写好班主任工作相关论文的4个关键。

一、撰写班主任工作相关论文的意义与价值

很多班主任对撰写论文感到很畏难，认为写论文是一件高深的事情。为了减缓班主任的畏难情绪，先了解班主任撰写相关论文的意义与价值，明确写论文的重要性。

1. 促进班主任工作实践优化提质

班主任撰写论文，是教学、班级管理、班级建设实践工作之外的更深层次思考，是班主任思考和探索自己的教学、班级管理、班级建设实践中的问题、困惑或成功，使自己的实践不断超越现有水平，向更高层次迈进。因此，班主任撰写论文，及时地将发生在身边的班级管理、班级建设、教育教学等案例、事例、事实记录下来，并结合教育理论和经验进行适度的反思、升华，不仅为我国基础教育的发展提供重要的实践素材，而且有助于促进班主任工作实践的优化提质。如果大部分班主任都撰写论文，促进班主任群体积极反思，深入研究、交流学习和推广优秀的经验、先进的教育思想，则有利于推动整个学校教育教学实践的改革和发展，整体提高办学质量。

2. 促进班主任自我成长

撰写论文是教师自我成长的需要。正如华东师范大学叶澜教授所言，“一个老师写一辈子教案，不一定成为名师，但如果坚持写三年的反思，就有可能成为名师”。同样，一个班主任把自己在班级管理、班级建设、教育教学工作中的问题、困惑或成功经验，通过自己的思考或反思撰写成文章，假以时日，就有可能成为名优班主任。显然，班主任通过撰写论文，能有效促进理论联系实际，针对在班级管理、班级建设、教育教学工作的某一方面或某一问题，进行较深入的研究和探索，提出独到的见解，有效解决实际工作中的问题。无疑，论文撰写的过程，就是班主任与自己心灵的对话，是一个梳理思路、总结得失、自我完善、自我发展、自我提高的过程。名优班主任的成长案例表明，写作是一线班主任专业发展的重要支点和独特路径，也是提高自身理论水平和实践能力、促进自我成长的必然需求。

3. 促进班主任提升幸福感获得感

班主任始终奋斗在教育教学一线，长期单调、重复的班级管理、班级建设、教育教学工作容易使其产生职业倦怠感。那么，如何突破教师职业发展的瓶颈，提高班主任幸福感获得感呢？论文写作便是一个重要抓手。当班主任看到自己的研究成果变成了铅字，得到了同行的认可，自豪感和成就感就会油然而生，进一步激发自己深入思考和探究欲望。同时，一线班主任撰写的论文主要是内容丰富、细节真实的教育教学案例，为基础教育研究提供丰富的原始素材，从而让班主任产生职业幸福感获得感，有效克服职业倦怠。

二、写好班主任工作相关论文的几个关键

1. 论文选题合适

选一个好题是班主任教师撰写论文的前提。俗话说得好，“一个好的题目就是成功的一半”。论文选题的合适与否，是衡量一篇论文质量高低的重要依据，也决定着该篇论文的意义和价值大小。那么，班主任如何选好题呢？

一是贴近一线的班级管理、班级建设、教育教学实际。论文就是要论述发现问题、分析问题、解决问题的整个过程。班主任在论文选题时，应尽量围绕自己班主任工作实际，关注自己在实践过程中思考的、遇到的问题或困惑，阐述通过自己的研究，最终解决这个问题的过程和心得。

二是追踪当前教育教学改革的热点、焦点。热点、焦点是指当时受广大家长、学生、教师以及其他社会各界广泛关注的观点、事件或问题。班主任在论文选题时，可以利用热点、焦点酝酿选题，进行深入思考和探索，提出自己的创新观点或方案。

三是发挥班主任的自身特点和风格。每位班主任在班级管理、班级建设、教育教学上都有自己的特点和风格。例如，有的班主任班级文化建设很出彩，有的班主任擅长学生心理健康辅导，有的班主任管理班级雷厉风行，有的班主任对待学生春风化雨。班主任在论文选题时，可以针对自己的特点和风格，撰写班主任工作的体会和感悟。

2. 论文结构齐全

一篇论文，一般包括标题、摘要、关键词、论文主体、参考文献等，每一部分都缺一不可、各有侧重。

其一，论文的标题。一是论文标题宜小不宜大。标题过大，牵涉的内容就多，论证无法面面俱到，论述就会显得空泛，表述就显得空洞。比如《论小组合作方式》就是一个比较大的题目，如果改为《小组合作方式在班级管理中的运用》，题目就比较聚焦，也容易撰写了。如果论文标题涉及的范围恰当，则文章容易写得全面而深刻，更具说服力。二是论文标题是班主任所要阐述的内容的高度概括。标题要直接、新颖、高度凝练，具有吸引力，一看题目就有进一步阅读

的兴趣和冲动。三是论文标题要有特色与新意，能跳出俗套。班主任平常要关注教育改革前沿信息，关注国家教育相关政策，不断思考，及时总结实践中新的发现、新的观点、新的思考、新的做法，在论文题目上体现出来。四是标题的字数不能过多。一般来说，标题的字数不要超过 30 个字，少用标点符号，如逗号、句号等。有时候，根据需要可以用副标题来补充说明和解释，副标题之前要用破折号。

其二，论文的摘要和关键词。摘要是对论文内容的高度“浓缩”，让读者一目了然地知晓全文的主要内容。摘要包括论文的目的、对象、方法、结果和结论。有的期刊还要求提供英文摘要。摘要字数为 200 至 300 字，一般不超过 500 字。关键词是论文的核心词或词组，在文章中反复出现。一篇论文可使用 3 至 5 个关键词。有的期刊还要求提供英文关键词。

其三，论文的主体部分。通常情况下，该部分包括引言、正文和结论。一是引言，主要交代论文写作目的、意义和背景，叙述应该简单明了，直截了当。二是正文，是论文的核心部分，文字数量最多，篇幅最大。可以恰当使用分级小标题，使文章层次清晰。正文重点叙述班主任是如何研究或解决问题的，所论述的内容要实事求是，尽可能地用数据、图表和事实说明问题。叙述要观点明确，论据充分，层次分明，合乎逻辑，术语规范，用词准确。写作的大体思路是提出问题、分析问题、解决问题。三是结论，是全文的总结，言简意赅地叙述研究获得的结果，或者以讨论、建议、设想或展望等形式呈现结论。

其四，参考文献。参考文献也是论文的重要组成部分，一般指班主任在撰写该论文时引用的文献。班主任要注意，参考文献格式一定要规范。

拓展阅读：

参考文献标准格式范例①

考虑到很多班主任不了解参考文献的标准格式，这里特通过拓展阅读板块以做展示，供班主任参考。

1. 专著、论文集、报告

［序号］主要责任者. 文献题名［文献类型标识］. 出版地：出版者，出版

---

① 参考文献标准格式[EB/OL]. https://baike.so.com/doc/7531292－7805385. html.

年：起止页码（可选）.

例如：［1］刘国钧，陈绍业．图书目录［M］．北京：高等教育出版社，1957：15－18.

2. 期刊文章

［序号］主要责任者．文献题名［J］．刊名，年，卷（期）：起止页码.

例如：［1］何龄修．读南明史［J］．中国史研究，1998（3）：167－173.

［2］OU J P，SOONG T T，et al．Recent advance in research on applications of passive energy dissipation systems［J］．Earthquack Eng，1997，38（3）：358－361.

3. 论文集中的析出文献

［序号］析出文献主要责任者．析出文献题名［A］．原文献主要责任者（可选）．原文献题名［C］．出版地：出版者，出版年：起止页码.

例如：［7］钟文发．非线性规划在可燃毒物配置中的应用［A］．赵炜．运筹学的理论与应用：中国运筹学会第五届大会论文集［C］．西安：西安电子科技大学出版社，1996：468.

4. 学位论文

［序号］主要责任者．文献题名［D］．出版地：出版单位，出版年：起止页码（可选）.

例如：［4］赵天书．诺西肽分阶段补料分批发酵过程优化研究［D］．沈阳：东北大学，2013.

5. 报纸文章

［序号］主要责任者．文献题名［N］．报纸名，出版日期（版次）.

例如：［8］谢希德．创造学习的新思路［N］．人民日报，1998－12－25（10）.

6. 电子文献

［文献类型/载体类型标识］：［J/OL］网上期刊、［EB/OL］网上电子公告、［M/CD］光盘图书、［DB/OL］网上数据库、［DB/MT］磁带数据库。

［序号］主要责任者．电子文献题名［电子文献及载体类型标识］．电子文献的出版/获得地址或发表更新日期/引用日期.

例如：［12］王明亮．关于中国学术期刊标准化数据库系统工程的进展［EB/OL］．1998－08－16/1998－10－01.

3. 论文论证科学

一要论文构思新颖。班主任在撰写论文时一定要有独到的视角，意味着“人无我有”“人有我新”，有一双慧眼，看到别人看不到的问题和解决办法。二要论点突出、集中。一篇论文通常论述一个论点，且要有相关的论据作为支撑。班主任不能在撰写过程中把所有收集的论据都堆积上来，眉毛胡子一把抓，重点不突出。三要素材充足。班主任最大的优势就是积累了丰富的班级管理、班级建设、教育教学案例和素材，这些案例和素材通常就是论文丰富而有力的论据。班主任使用的案例和素材，要有说服力、感染力、启发性和教育意义，要能打动读者，能让读者觉得真实、可信。班主任还要不断学习，研究他人的先进经验，阅读相关文献，做好笔记和摘录，为论文补充新的案例和素材。

4. 注重论文修改

好论文都是改出来的。一篇论文写完后，要经过多轮修改。无论水平多高的班主任，撰写的论文都需要不断修改、润色，才能成为一篇好论文。一般而言，除了请其他教师、班主任或专家修改以外，班主任在修改润色自己的论文时，要注意以下方面。

一是明确论文存在的问题。通读文章多次，检查是否有错别字，标点符号、文章的基本格式、写作体例、大小标题是否恰当，文章题目是否聚焦，摘要及关键词等方面是否明晰；进一步检查主题是否明确、观点是否表达清楚、层次是否分明、内容是否充实、论证是否全面正确、语言是否流畅、概念用得是否妥当、逻辑性是否强等等。

二是根据论文存在的问题，自我反思，逐一修改。班主任对文章中提出的存在的问题要不停地反思，思路会越来越清晰，存在什么问题就解决什么问题。

三是模仿范例论文。班主任从纸质期刊、书本或中国知网等电子文献中，选择一些高水平的论文范例，认真学习。班主任根据这些论文，从中受到启发，模仿这些范例论文的基本思路、写作体例、论证过程等，并能举一反三，帮助自己修改论文，以免多走弯路。

综上所述，班主任撰写班主任相关工作的论文，首先从记录教育现象、记录自己感受、记录自己思路开始，把这一颗颗的珍珠用教育理论的线串起来，那就是一条美丽的项链。班主任具有丰富的教育教学实践经验，日积月累，不断学习，坚持写作，随着思维深度、广度和灵活度的提升，视野的开阔，一定能写出高水平的论文来。

拓展阅读：

小本子，大管理①

长沙大学附属中学王晓红老师总结了多年采用自我管理本，引导学生养成好的学习习惯，提高自我教育、自我管理能力的经验，发表在《湖南教育》（A版）上。她的经验值得我们班主任借鉴。

1. 早准备，启用管理本

开学之初，我通知每个学生准备一个200页左右的厚黑皮本，作为一个学期的自我管理本，用于“记事+反思”。希望引导学生养成“今日事今日毕”的习惯，鼓励学生反思当天表现好的地方与不足的地方，逐步培养学生自我反思与自我教育的能力。自我管理本每天早晨上交，我会逐一查看，写上批语，就一些问题和学生进行书面沟通，中午再把自我管理本发给学生。同时，充分利用自我管理本反馈的信息，在午休或放学时表扬认真完成作业、善于反思的学生。

2. 勤记录，进步自然快

自我管理本就是一个帮助学生管理自己、提升自己的忠实朋友。学生在自我管理本的扉页上写上自己喜欢的格言警句与本学期计划，时刻鞭策提醒自己；写上学期课表，方便学生复习、预习、整理书本，以防遗漏；还有各科教师的联系电话，方便学生及时向教师请教。

学生每天在自我管理本上记录的内容，主要涉及两大板块。一是常规的“今日任务”，主要包含作业、运动、课外阅读三个方面，充分发挥自我管理本的记事与督促功能。学生记录每天必做的事情，回家一一按清单完成各项任务，记录作业所需时间和不懂的题目、锻炼时间及课外阅读书目和阅读时间，养成“今日事今日毕”的习惯，培养锻炼与阅读的习惯。

二是各有特色的“日有所记”。学生可以写自己想写的、愿意与教师分享的任何东西，字数不定。学生在“日有所记”板块中最喜欢涉及4个方面的内容。其一，表扬自己。总结自己当天做得好的方面，如“今天的作业不仅及时在规定

---

① 王晓红. 小本子，大管理［J］. 湖南教育（A版），2020（11）：48－49.

时间内做完，而且正确率高”“我今天在小组学习中表现真好，继续加油”等。其二，反思自己或班级做得不好的地方。例如，有学生吐槽自己上课开小差，以后一定要改正；有学生吐槽班级，课间操比较乱、懒散。其三，发泄情绪。学生与教师、父母、朋友闹矛盾，平时不愿意说，但会在自我管理本上写下来。其四，分享阅读所得。学生坚持每天阅读不少于30分钟，写下阅读心得，分享美文佳句。

3. 多回复，沟通无障碍

我每天批阅点评自我管理本，及时答复学生的问题，分享彼此对相关事情的看法与收获。在自我管理本上，我与学生以笔谈的方式进行沟通，这是一种平等走入学生内心的沟通方式，师生彼此都能感受到这种心灵相通的幸福。

自我管理本是我作为班主任了解学生与班级情况的一个重要渠道。我及时发现班级中隐藏的问题，找准时机，与学生、家长、任课教师一起讨论解决之道。

通过“今日任务”，我及时了解学生每日作业任务是否完成，运动与课外阅读是否坚持，不仅真诚赞美学生做得好的地方，而且及时提醒任务有所欠缺的学生补做，鼓励他们坚持完成每天的任务。

通过“日有所记”，我根据学生的实际问题和困惑，采取积极的行动，引导学生解决问题或困惑。例如，针对自我管理本反映出来的“手机搜题”问题，我组织了一次班级辩论“手机搜题好还是不好”，让学生明白其利弊。同时与任课教师协作，明确告知学生与家长，哪些作业需要上网查资料拓展，引导学生正确使用手机。

通过自我管理本的记录和学生保持亲密有效的沟通，学生收获点点滴滴的成长，逐渐成为自己学习的主人、时间管理的主人，养成学习、运动、阅读、反思的好习惯，逐渐提高自我教育、自我管理的能力。自我管理本让我感受到作为班主任的幸福，这是一朵云推动另一朵云的快乐。

参考文献

[1]汪明.班主任角色定位与担当的深层追问[J].教育学术月刊,2017(05).
[2]谢江阳.新时期班主任的新理念和新角色[J].宁夏教育,2004(02).
[3]余妍霞,马家安.论班主任的角色与权威[J].现代中小学教育,2004(08).
[4]彭荣宏.上好课是最大的师德[J].湖南教育(D版),2022(07).
[5]周海彤.从管理者到指导者——浅谈班主任角色的转变[J].辽宁教育行政学院学报,2006(12).
[6]诸旸.班级管理的指导者、引导者、设计者——谈班主任角色的转换[J].新教育,2017(20).
[7]刘继华,吴霏,刘璇.以班级文化建设为抓手促进班级常规管理的有效策略[J].理科爱好者,2023(03).
[8]周丽,李冬梅,侯京华.新课标视域下,中小学教学管理如何改进[J].教育家,2022(41).
[9]魏志超.新课改视角下中小学教学管理的问题和对策[J].当代教研论丛,2022(07).
[10]刘友会.班级活动的创新与实践[J].山东教育,2023(14).
[11]王文.班主任——学生的人生导师[J].班主任之友(小学版),2010(03).
[12]王洪明.学业辅导与生涯向导:班主任的基本职责[J].现代教学,2018(06).
[13]席晶.初中班主任了解学生的有效方式[J].考试周刊,2015(87).
[14]车广吉.中学班主任应如何了解学生[J].中小学教师培训,2003(11).
[15]冯照.疫情期间中学班主任的学业指导浅谈[J].山东教育,2020(17).
[16]赵琼,孙兆前.基于学生自主发展的高中生学业指导[J].教学与管理,2021(34).
[17]李铭荣.浅谈班主任在学生综合素质评价活动中的作用[J].高考,2021(26).
[18]李朝辉.新时代班主任应该具备的基本素质[J].新课程导学,2021(32).
[19]王慧.谈班主任应具备的基本素质[J].甘肃教育,2019(09).
[20]罗莺莺.浅谈班主任如何协调班级的人际关系[J].教师,2018(27).

[21]刘治军. 班级的组织建设[J]. 教书育人,2008(22).
[22]刘红云. 班级文化建设略论[J]. 学校党建与思想教育,2011(03).
[23]胡麟祥. 班集体的涵义、结构及教育功能——现代班集体建设系列讲话之二[J]. 中国德育,2007(03).
[24]刘宇辉. 目标管理在班级管理中的应用[J]. 职业技术,2009(05).
[25]魏书生. 班主任工作漫谈[M]. 漓江出版社:魏书生书系, 2014.
[26]蔡静. 合作学习小组的建设研究[D]. 西南大学,2011.
[27]鲍苏云,张纪胜."双减"背景下体育"课后服务"六原则[J]. 中国学校体育,2022(01).
[28]王兰芳. 开展班级活动的意义及策略[J]. 甘肃教育,2018(01).
[29]朱永新. 家校合作激活教育磁场——新教育实验"家校合作共育"的理论与实践[J]. 教育研究,2017(11).
[30]范芮宁. 小学班级自主管理研究[D]. 华中师范大学,2018.
[31]张芳. 一日之计在于晨——小议晨会在班级管理中的作用[J]. 吉林教育,2015(16).
[32]任海涛."校园欺凌"的概念界定及其法律责任[J]. 华东师范大学学报(教育科学版),2017(02).
[33]丁运超. 研学旅行:一门新的综合实践活动课程[J]. 中国德育,2014(09).
[34]刘茜. 在阅读中成长——一位乡村班主任的专业发展之路[J]. 新课程评论,2019(06).
[35]谢文姬,蔡林青. 学会接纳学生情绪的力量——读《如何说,孩子才肯学》反思班主任工作[J]. 中小学心理健康教育,2022(23).
[36]陈培. 聚焦"四板",助力班主任反思中成长[J]. 内蒙古教育,2021(34).
[37]李镇西. 做一个反思型的班主任[J]. 天津教育,2006(01).
[38]韩殿臣,付文山. 以校本培训促进班主任专业化发展[J]. 教育,2020(28).
[39]刘久娥. 提升班主任培训实效性的四个关键词[J]. 教书育人,2022(20).
[40]邹尚智. 校本教研指导[M]. 北京:首都师范大学出版社,2010.
[41]梁小玲. 愿景引领　特色先行——提升班主任工作效能的有效路径[J]. 中小学德育,2019(1).
[42]陈楠. 班主任[M]. 北京:中国经济出版社,2010.
[43]史力范. 一线教师撰写学术论文的探讨[J]. 大连教育学院学报,2020(01).
[44]李丽霞. 指导教师撰写科研论文的方法与对策[J]. 北京教育(普教),2011(11).

后　记

在编写本书的过程中，编者借鉴和参考了国内外一些知名专家的著作和研究成果，引用了一些教师的案例和文章，在此向所有专家、教师致以衷心的感谢！受沟通渠道所限，我们未能与所有作者都取得联系。敬请相关作者与我们联系，电子邮箱：taolishuxi@126.com。

编　者